LE MÉNAGE IMPÉRIAL.

HISTOIRE CONTEMPORAINE

LE

MÉNAGE IMPÉRIAL

LUI ET ELLE

EN APPARENCE ET EN RÉALITÉ

LEUR VIE PUBLIQUE ET LEUR VIE PRIVÉE.

LEURS MŒURS, LEUR COUR, LEUR ENTOURAGE, LEUR POLITIQUE, LEURS INTRIGUES,

LES MYSTÈRES DES TUILERIES, DE SAINT-CLOUD ET DE COMPIÈGNE DÉVOILÉS.

BRUXELLES,
OFFICE DE PUBLICITÉ,
46, RUE DE LA MADELEINE, 46.

1871

SOMMAIRE.

AU LECTEUR.
AVERTISSEMENT.

LUI ! — Les visées matrimoniales du sauveur de la société.
Inquiétudes des filles à marier des cours étrangères.
Entremetteurs diplomatiques.
Le renard et les raisins. — ELLE ! — Madame la mère. — Le père de la débutante. — Diplomatie domestique.
Le jeu en vaut-il la chandelle ? — CONSEIL TENU PAR LES DIGNITAIRES.
C'était écrit.
Le *pourquoi* officiel. — Le *parce que* réel.
« Fit-il pas mieux que de se plaindre ? »
COMMENT LES PRINCES FONT LA COUR. — Roméo et Juliette.
Sous les balcons de Fontainebleau. — Fiançailles. — Léger à compte.
LE JOUR DE GLOIRE EST ARRIVÉ. — Noces et festins.
Gens de la noce.
Valets, chantres, et vendus. — Prélats et poëtes.
L'antichambre du bonheur. — Le Lion et la Gazelle, ou mystère et délire !
Les *hélas !* de Belle-Maman. — Déception de ces demoiselles.
Lune de miel dans la pourpre.
Devant l'Europe. — Dans le particulier. — MAJESTÉS EN PANTOUFLES.
Les amies de Monsieur. — Les amies de Madame.
La parenté. — Pérégrinations politiques.
Maternité.
Le nez du cousin Jérôme. — Bonaparte s'amuse.
Les distractions d'Ariane. — Le petit monde de Madame. — Bals officiels.
Compiègne. — Une fête. — Les invités.
Les chambellans. — Les secrétaires. — Bonsoir la compagnie.
Suite de la fête, chacun chez soi. — Ripailles à huis-clos.
Sauteries intimes. — Frasques.
LES GRIFFES DU LION. — Son antre. — Félix.
La fatale bévue. — Ce qui reste et ceux qui restent.
C'était bien la peine !

AU LECTEUR.

La préface a été donnée à l'auteur pour déguiser sa pensée.

C'est pourquoi nous n'en voulons pas.

Notre sujet semblera peut-être à certains, pour l'instant, être assez rebattu.

Il n'en est rien.

Qu'importe que l'absurde ait été dit, redit, rabâché même sur tous les tons.

Lorsque la vérité se fait jour, elle brille malgré tout et le cachet de sincérité qu'elle puise dans sa pureté même, fait qu'elle jette à jamais dans l'oubli, tous les romans édifiés sur le thème qu'elle vient mettre en pleine lumière.

Notre principal mérite est d'être vrai.

En outre nous avons examiné nos personnages par le côté de la lorgnette dont on ne s'est jamais servi, lorsqu'on la braquait sur eux.

Nous sommes plus que nos devanciers, entrés dans leur vie, nous avons connu leurs familiers, nous avons causé avec FÉLIX (1) — un grand personnage vous verrez, — nous avons puisé en Espagne, les documents introuvables en France, et nous offrons aujourd'hui non-seulement un livre des plus curieux, mais encore le seul qui jusqu'à ce jour ait été fait sans injures, vierge de calomnies, exempt de ces inventions incroyables par leur bétise même, sur ce couple qui pendant vingt ans régna sur la France et fut traité, même par les autres rois de la terre — MONSIEUR — d'Empereur — MADAME — d'Impératrice.

(1) *Félix, mort quelques temps avant la déclaration de la guerre, était le valet de chambre particulier de Napoléon III, bien avant le coup d'État. Lui plus que personne, plus que l'Impératrice elle-même, a vu et a vécu avec cette Majesté, dans l'intimité du coin du feu. — (Note de l'éditeur.)*

Les masques sont tombés aujourd'hui.

On jette les yeux sur le passé.

Est-ce possible? se dit-on.

Ce règne Ruolz n'est pas un cauchemar.

Pauvre France!

Alexandre Dumas qu'on interrogeait un jour sur le comte de Chambord à qui il était allé rendre une première visite, répondit :

— Mon opinion franche est qu'il boite un peu moins que ne le prétendent les libéraux et un peu plus que ne l'affirment les légitimistes.

Le juste milieu était trouvé.

C'est là que nous avons placé nos personnages, ainsi que leurs familiers.

Ce milieu là est si bizarre du reste que tout effort d'imagination, si faible qu'il soit, ne pourrait qu'amoindrir la valeur du tableau représentant, entouré de sa cour, LE MÉNAGE IMPÉRIAL.

AVERTISSEMENT.

Des trois autographes qui sont dans ce volume, il en est deux dont l'authenticité est certaine : la lettre d'Eugénie à Napoléon datée du Caire et le fragment d'article tracé de la main même du héros qui couronna l'édifice à Sedan.

Quant au troisième — qui remonte aux jours tendres où le sauveur de la société roucoulait aux pieds d'Omphale de Montijo — ce n'est qu'une imitation probable d'un curieux billet qui démontre que Sa Majesté Napoléon III, avait un faible tout particulier pour la musique de Montaubry (1).

Cet autographe n'est pas signé et nous avons tout lieu de croire qu'il est apocryphe.

Nous ne l'eussions pas publié, si son contenu ne le rendait que curieux et nullement compromettant.

La barre rouge avait, prétend-t-on, été tracée par la main de Napoléon, sur l'original. — Rien de plus gracieux, n'est-ce pas?

---

(1) Ne pas confondre avec le ténor. Mautaubry, l'auteur de l'air de *Marco*, était chef d'orchestre du théâtre du Vaudeville, au moment où Théodore Barrière, et Lambert Thiboust, y firent représenter : *Les Filles de Marbre.*

Debain, fabricant de pianos, rue Vivienne. 53. On les appelle des pianos à manivelle.

~~Je ne vais pas moi-même le dire à V. M., car je ne suis pas présentable~~

Avec l'air de Marco la belle des filles de marbre

Mademoiselle Eugénie de Montijo,
22 - place Vendôme

(Voir les notes, page 119.)

Sur le nil
à bord de L'Inspiratr
27 - 8bre 1869.

Mon bien cher Louis (1)

Je t'écris en route sur Assouan sur le nil te dire que nous avons frais ne serait absolument pas la vérité mais la chaleur est fort supportable car il y a de l'air, mais au soleil c'est autre chose! D'ailleurs par télégraphe je te dis l'état de l'atmosphère

(1) Voir le chapitre 1er du N° 1 des papiers secrets du second Empire.

J'ai de tes nouvelles et celles de Louis tous les jours par télégraphe c'est merveilleux et bien doux pour moi puisque je suis toujours tenue à la rive avec par ce fil qui me rattache à toutes mes affections

Je suis dans le ravissement de notre charmant voyage et je voudrais te en faire la description mais tant d'autres plus savants et plus charmants conteurs que moi ont entrepris cette oeuvre

qu'il me semble que dans l'administration muette je dois m'enfermer.
J'étais bien tourmentée de ta promesse d'aller ici-dessus te savoir à Paris sans moi, mais tout s'est bien passé à ce que je vois par ta dépêche. Quand on voit les autres peuples on juge et apprécie bien plus l'injustice du nôtre. Je pense malgré tout, qu'il faut ne pas se décourager

et marcher dans la voie
que tu as marqué, la
bonne foi, dans les convictions
donnés comme du reste
du le pense et-dis, est
une bonne chose, j'espère
donc que tou discours
sera dans ce sens, plus
on aura besoin de force
plustard, et plus il est
nécessaire de prouver
au pays qu'on a des
Dieux et non des expédients

Je suis bien loin, et
bien ignorante de choses,

Depuis mon départ pour parlir ainsi mai je suis entièrement convaincu que la suite dans les idées c'est la véritable force, je n'aime pas les acoups et je suis persuadé qu'on ne fait pas deux fois dans le même règne des coups d'état, je parle à tout et à travers avec le prêtre en conversation qui en sait plus long que moi. mais il faut bien dire quelquefois ne fut-ce que pour prouver

ce que tu sais, que mon
cœur est près de vous
deux, et si dans les jours
de calme mon esprit
vagabond, aime à se
promener dans les espaces
c'est près de vous deux
que j'aime à être les
jours de souci et d'inquiétude.
Loin des hommes et des
choses on respire un calme
qui fait du bien et par
un effort d'imagination
je me figure que tout
va bien puisque je ne

sais rien Aussi toi je
crois indispensable la
distraction il faut se
refaire un moral comme
on se refait une constitution
affaiblie, et une idée constante
finie par user le cerveau
le mieux organisé. J'en
ai fait l'expérience, et
D. tout ce qui dans ma vie
a terni les belles couleurs
de mes illusions je ne
veux plus en entretenir
le souvenir, ma vie
est finie mais je

Je revis dans mon fils
et je crois que ce sont les
vraies joies celles qui
traverseront son coeur pour
venir au mien.
en attendant je jouis de
mon voyage, des couchés
du soleil, de cette nature
sauvage cultivée sur le
rives d'un [illegible] largeur
de 50 mettres, et derrière
le désert avec ses dunes
et ~~Son~~ tout éclairé par
un soleil ardent.
Au revoir et crois à
l'amitié de ta
toute dévouée
Eugénie

Le gouvernement de l'Emp. ne le plus permettrait qu'un jamais restât muet; et c'est lorsque [illegible] entretenaient pas des hommes qui ont été au pouvoir [illegible] en relation avec le gouvernement par l'intermédiaire [illegible] par les [illegible] des peuples [illegible]. Je retrouve les actes de tous les agents de [illegible] on a été [illegible] en rebelle.

Devenir un [illegible] à l'Empereur
est [illegible] et de le [illegible] au
en [illegible] [illegible] au [illegible] [illegible]
[illegible] [illegible] [illegible] un [illegible]
osera résolument être [illegible]
[illegible] une [illegible] bonne [illegible]
sur les choses. Donner [illegible]
éloges que [illegible] ce que [illegible]
et [illegible] [illegible] [illegible]
ce qu'il doit savoir

La France, la [illegible], le [illegible]
du peuple la prospérité de
l'Empereur [illegible] Empereur
[illegible] [illegible] [illegible]

LUI.

Le coup était fait. Des millions de villageois de Panurge avaient acclamé Monseigneur. D'autres millions lui avaient planté la pourpre sur les épaules, sans se soucier de la pourpre sanguinolente qu'il avait aux mains. Les amis le félicitaient. C'était merveille. Et la parenté se disait que le gaillard n'était pas si inepte qu'on l'avait cru depuis si longtemps.

Quant à lui, seul, le soir, dans sa chambre, après que Félix l'avait quitté, il restait souvent de longues heures plongées dans la rêverie. Par le trou des serrures, on le voyait assez souvent arpenter le tapis d'un coin à l'autre de la pièce. A travers les cloisons, on l'entendait prononcer des mots inarticulés, confus, sans suite. Qu'avait-il qui lui tînt au cœur et l'empêchât de se livrer au repos?

Longtemps on crut à des préoccupations d'un ordre supérieur, à des combinaisons politiques, à des projets de conquêtes; car chaque fois qu'on l'observait ainsi, on le voyait interrompre fréquemment sa promenade, pour tracer quelques mots sur le papier.

A la longue pourtant, ceux qui pouvaient l'observer ainsi, le connaissant depuis longtemps, sachant ses habitudes, se détrompèrent. Quelques mots entendus, raccordés avec quelques phrases surprises dans son buvard, les mirent sur la voie. Il ne combinait rien. Il se parlait à lui-même de lui-même, de sa réussite, et sa pensée constante durant les premiers temps, peut se traduire ainsi :

— C'est donc bien vrai !

En réalité, le plus grand effronté des hommes, le plus enclin à se trouver digne de toutes les fortunes, a de ces revirements, de ces descentes en soi-même. Ce n'est pas un éclair de modestie: c'est un sentiment analogue à celui des adolescents à qui l'on donne une montre pour la première fois. Ils ont besoin de s'isoler, de tirer leur montre, de la considérer, et de se dire aussi :

— C'est bien vrai!

C'est, plus tard, le même être rentré sous le toit paternel, après le premier rendez-vous d'amour, la première conquête, qui ne peut se décider à se mettre au lit, et qui tourne dans la chambrette, en se répétant :

— C'est bien vrai!

S'il faut en croire les confidences des serviteurs intimes de celui qui est plus ou moins resté l'Empereur pour eux, confidences dues jadis au besoin de se donner de l'importance, dues aujourd'hui soit à la déception, soit à la pitié, soit aussi à l'ingratitude, car les monstres même font des ingrats, la surprise du triomphe dura plus longtemps qu'on ne le supposerait dans l'esprit du nouveau monarque.

Au dehors, il est vrai, l'aspect était tout autre. On connaît: l'homme Doué d'un visage imperturbable, grâce à des yeux sans vie et à des moustaches qui cachent tout le bas du visage, il paraissait plutôt sûr de son fait, habitué à des hommages qui, à son avis, lui avaient été dus de tout temps. Et, froidement, il allait par les salles de réception, au Conseil, dans les rues, d'un pas qui était loin de faire soupçonner l'étonnement dont, malgré tout, dans le silence de la retraite, il ne parvenait pas à se débarrasser.

Son oncle, le vieux Jérôme, l'aida puissamment à s'y soustraire à la fin. Ce fut lui qui le premier lui parla de la nécessité de prendre femme. Mathilde n'y était point opposée, quoique instinctivement elle eût préféré garder la position de la seule princesse du sang impérial à la cour de son illustre cousin. Plonplon lui prêchait en sens contraire. Plus intelligent que toute la kyrielle des autres cousins, et stimulé par le vague espoir de régner, espoir qu'il a toujours caressé, et qu'en ce moment même il caresse encore, il trouvait de bonnes raisons pour éloigner le cousin d'un mariage auquel il voyait de nombreuses difficultés. Il lui semblait que la chose était scabreuse, pleine de périls pour le prestige de cette majesté de si fraîche date. En tout cas, il voulait qu'on ne hâtât rien.

Cependant le lièvre étant levé, l'esprit du nouveau César s'habitua vite à cette idée. L'étonnement des premiers jours s'évanouit. Il lui parut qu'un mariage avec quelque fille royale serait une nouvelle consécration de sa position.

C'est qu'il faut tout dire : à cet homme il fallait plus qu'à tout autre, pour qu'il se crût en sécurité à l'apogée de son aventure. Un autre, un véritable prince, un simple usurpateur quelconque se fût contenté des suffrages de la grande majorité de tout un peuple. Celui-ci ne le pouvait pas.

Grâce à Morny, qui fréquentait les filles, en compagnie de gens qui n'étaient pas tous de la clique impériale, on a pu recueillir, à la longue, une série de révélations sur le réel caractère de Napoléon III. Morny aimait sinon la table, du moins les festins nocturnes, où l'on se déboutonne, où l'on crie un peu, et où, stimulés par les vapeurs alcooliques du champagne, on a la langue d'autant plus déliée qu'elle est de fait épaisse. Il savait, ce fils méconnu de la reine Hortense, qu'il était sinon l'âme du coup d'État, du moins l'intelligence de l'Empire. Il savait qu'après tout, c'était lui qui avait tout fait, tout combiné, tout dirigé. Et si, de sang-froid, il se tenait prudemment à son plan de très-fidèle sujet, quand il avait un peu trop bu, il se laissait aller à la gloriole de se poser en *Deus ex machina,* qui a tenu et qui tient encore les ficelles des pantins de la comédie. Sans doute, il se repentait le lendemain d'en avoir trop dit; mais ce qui lui avait échappé était plus ou moins divulgué, et le tout groupé peu à peu, se répandait assez pour que plus d'un chroniqueur fût en mesure de publier nombre de révélations intéressantes, si Cayenne n'eût pas été au bout d'une publication de cette espèce.

Quoi qu'il en soit, grâce à Morny principalement, on sait, et l'on peut affirmer que Napoléon n'ignorait rien des incidents de sa naissance. Il savait bien n'avoir en somme aucune parcelle du sang des Bonaparte dans les veines. C'est bien pourquoi, dans tout son règne, ce qui lui fut le plus sensible et le plus déplaisant, ce furent les pamphlets de Victor Hugo et de Rochefort.

Nommé président à titre de neveu du premier Bonaparte, c'était admissible; qu'est-ce qu'un président de république nommé pour quatre ans? Qu'il fût reconnu ensuite, qu'en réalité il n'était point du tout parent des Napoléon, cela importait peu. Mais une fois empereur, c'était autre chose! Le mensonge et la fourberie avaient de l'importance ici. Aussi cherchait-il autant de consécrations que possible. Son instinct l'y poussait impérieusement. En sorte qu'un jour, il lui parut d'absolue nécessité d'épouser une fille de rois. Il le voulait!

Mais se souvenant des objections du cousin Jérôme, il pressentit qu'il y aurait de la difficulté à la réalisation de son rêve. Ce n'était pas tout que de vouloir. La politique, le *decorum* exigeaient qu'on ne démasquât ses batteries qu'à coup sûr. Il fallait choisir d'abord; puis le choix fixé, procéder comme par un coup de foudre. Attendre, s'il fallait, un joint, une occasion. Le mieux eût été de pouvoir être en situation d'intimider quelque souverain pris de court, qui eût une fille non encore pourvue.

On chercha. L'Angleterre, la Russie, l'Autriche? Pour de nombreuses raisons, rien à faire. Le roi de Piémont avait bien ce qu'il fallait. On en prit bonne note. Mais un peu trop cléricales paraissaient les filles de Victor-Emmanuel, et de si peu de beauté que ce n'était presque pas la peine d'y songer. Car les Français ont des préjugés insurmontables. Ils ne peuvent pas s'imaginer qu'une reine de France puisse être laide. Les souveraines françaises sont, aux yeux du peuple, la personnification de la royauté ; c'est le prestige vivant de la Couronne. Il la faut belle absolument. Dieu merci ! il n'y avait pas que la famille du roi galant homme en ce monde ! On fureta dans le ramassis des princes et principicules allemands. Là encore on trouva son affaire. Mais l'Allemagne ! Les Français en avaient bien usé ! Ne pouvait-on trouver mieux dans un autre hémisphère ?

Cependant, si bien gardé que fût le secret, il en transpirait quelque chose.

« Quel tour nous prépare-t-on ? » pensaient les potentats.

On l'apprit à la fin, et à lire les mémoires de certains pays menacés dans leur progéniture royale, à parcourir certaines correspondances semi-officielles, c'est un spectacle des plus réjouissants que de voir la terreur qui envahit tout à coup les demoiselles nées sur les marches du trône, aux quatre coins de l'Europe.

On eût dit un essaim de nymphes voyant approcher le pire des satyres. Ces jeunes personnes en tremblaient le jour et en rêvaient la nuit. C'était de l'horreur, de l'épouvante. Des nonnes sous le coup d'une réquisition de soudards n'auraient pas été plus terrifiées.

De leur côté, les rois de petit calibre n'étaient point sans appréhension. Que répondre, quelle excuse fournir pour décliner l'honneur insigne dont ils étaient menacés? Le cas était embarrassant. Aussi toute la diplomatie se mit-elle en campagne. Une sorte de franc-maçonnerie s'établit entre les cours européennes. Les rivalités s'adoucirent, les rancunes s'oublièrent, pour faire face au fléau commun. Mais, enfin, profitant du temps que le nouvel Empereur passait à combiner avec ses conseillers, on établit fortement la ligue des pères couronnés, et l'on attendit de pied ferme.

« Mon Dieu! s'écriait un monarque de second ordre, pourvu qu'il n'apprenne pas que ma fille est adorable! »

Et terrifié par cette pensée, il faisait insérer la fausse nouvelle suivante dans son *Moniteur* :

« La princesse X est gravement malade. Une variole » intense vient de l'atteindre. On craint énormément que » le terrible fléau ne marque le beau visage de la gra- » cieuse fille de notre Roi, d'une manière indélébile. »

Ah ! c'était roide, mais la terreur de l'alliance impériale en eût fait faire de bien plus fortes.

On ne voulait pas de lui !

Il serait trop long de rapporter une à une les défaites de la diplomatie napoléonienne à ce sujet. Le point intéressant serait de suivre scène par scène, entrevue par entrevue, la tentative de chaque entremetteur accrédité. La façon dont on fut éconduit dans le nord est tout autre que celle grâce à laquelle on se fit rouler dans le midi, et voilà précisément ce qui pourrait amuser la galerie. Mais il semble que l'on s'attendit un peu à l'issue de toutes ces démarches, car aucune ne fut poussée jusqu'au bout. Il arrivait toujours un ordre des Tuileries de s'en tenir aux premières ouvertures, tant il était clair qu'on était déterminé à se dérober, poliment ou non, à l'honneur dont Monsieur Bonaparte menaçait la généralité des rois.

Cette détermination parut enfin bien évidente. On sut qu'à ce sujet, l'Autriche si ennemie du Piémont qu'elle fût, ne crut pas devoir moins faire que d'offrir le concours de ses armes, au cas où l'empereur des Français voudrait s'imposer par la force dans la parenté de la maison de Savoie.

Les démarches s'arrêtèrent tout court, et l'on se regarda bien en face. Pas moyen de se dorer la pilule : le camouflet était clair et net.

— Mon Dieu! fit Morny, les rois ont peur. Ils savent le peuple français capricieux ; ils ne savent pas que nous l'avons bridé de sorte qu'il ne bougera de longtemps, et craignant d'autres révolutions, ils redoutent d'avoir un jour, à titre de réfugiés, leur fille et son impérial époux.

— Assurément, dit Moquart, il n'y a rien de personnel contre l'Empereur dans cette fin de non-recevoir des familles royales étrangères.

— Il y a de très-hautes considérations politiques, ajouta Walewski, qui se donnait pour le plus profond diplomate du monde. Un mariage avec l'Empereur, c'est une alliance faite pour effrayer ceux qui resteraient en dehors, et j'ai des raisons de croire qu'il y a pression sur plus d'un prince qui brûle du désir d'offrir sa fille à votre majesté.

Le Taciturne écoutait tout cela et bien d'autres bonnes raisons de même sorte, sans sourciller, faisant des desseins à la plume sur le table du Conseil. Il n'en croyait pas un mot; car en ce temps, le ramollissement des facultés intellectuelles qui le mena à sa perte n'était encore qu'au début. Il se souvenait de l'opposition que Plonplon avait faite au projet en question. Il se rappelait que le cousin avait prédit ce qui arrivait. Et il rongeait son frein.

Morny, qui connaissait son hôte mieux qu'aucun autre

des familiers, vint à son secours. Que fallait-il? Rien qu'une mauvaise raison de faire que décemment la majesté nouvelle pût s'écrier officiellement :

— Ma foi ! tant mieux.

Ce n'était qu'un jeu pour Morny. Il s'embarqua tout aussitôt dans une improvisation peu littéraire et peu parlementaire ; débita de spécieux lieux communs avec toute la grâce qui le caractérisait, et montrant les dangers imaginaires d'un alliance de cette espèce, il atteignit si bien son but que ce fut un cri général.

— « Nous l'avons, en dormant, Madame, échappé belle ! »

Autant dire :

— « Ils sont trop verts et bons pour des goujats. »

Toutefois, restait une nécessité sociale et dynastique; il fallait que l'Empereur se mariât, il fallait qu'il eût un héritier.

On était tous d'accord là-dessus.

Mais on était trop nouvellement étrillé. Le sire en avait, malgré tout, les côtes encore trop fraîchement meurtries. Il dit qu'il songerait à cela, lui-même et à loisir.

Il faut dire, d'ailleurs, qu'à cette époque, le sauveur de la société n'avait pas d'agrément dans son intérieur. On sait que Miss Oward lui était chère, et qu'il l'avait installée près de lui.

Déjà la vieille courtisane, qui pressentait sa mise en non-activité, avait plus d'une fois causé du tintouin à Monseigneur, alors qu'il n'était que président de la république.

Depuis qu'il était Empereur, les idées les plus étranges, les ambitions les plus saugrenues, lui étaient venues en tête : sans doute, elle ne demandait pas à être impératrice, mais s'il fallait que son Louis se mariât, c'était uniquement pour donner une garantie à la France, ou du moins aux complices du coup d'État, qui pensaient fort judicieusement que nous sommes tous mortels, et qui se demandaient ce que deviendrait la clique, en cas où le patron viendrait à succomber à quelque maladie. Il fallait un héritier, quand même, absolument.

Or le bruit courait dans le public que ni pourpre, ni majesté, ni la grâce de Dieu, pas même la volonté nationale, n'avaient pu rendre au nouveau sire certaine qualité ordinairement requise pour assurer une dynastie quelconque.

La vieille farceuse prétendait en savoir plus long que personne à ce sujet.

En ce cas, pourquoi chercher si loin? Il n'y avait qu'à légitimer un de ses fils à elle. Et comme elle avait un vernis de littérature, elle s'efforçait de lui démontrer que la tradition était conforme à l'opération qu'elle proposait. On est un César, ou on ne l'est pas! Or, les Césars n'en faisaient pas d'autres. Du reste, elle lui représentait qu'en agissant ainsi, elle évitait au pays l'aléa de voir la couronne impériale tomber de sa tête sur celle d'un crétin, passer de la tête d'un aigle sur celle d'une oie. Et puis, à son sens, c'était original. Et sans espérer d'en faire prendre la mode en Europe, elle assurait que les Français seraient enchantés de cette façon de procéder.

Quant à elle, et bien, à cause du monde, et pour calmer de graves scrupules qui lui venaient tout à coup, ne pouvait-il, nouveau Louis XIV, la traiter en Madame de Maintenon ; l'épouser à huis clos, et ne l'avoir que pour épouse officieuse? Elle promettait d'être facile et douce, et pas gênante, ni chipoteuse sur les écarts de monsieur. En réalité, elle ne l'avait jamais été, on pouvait s'en fier à cette personne, la plus accommodante qu'on pût rêver.

Cependant l'impérial ami ne mordait pas à la combinaison. Il avait vraisemblablement son idée. Il mit tout le monde d'accord en ne disant rien à personne et en se galvaudant le plus discrètement possible avec des actrices et des filles.

Mais, ne l'oubliez pas, il avait son idée.

ELLE.

Aucune femme de toute la terre ne peut se vanter d'avoir été à la fois plus adulée et plus détestée que la belle Eugénie. Ce qu'elle a reçu d'hommages, dépasse l'idéal qu'une ambitieuse pourrait caresser. A l'Impératrice toutes les flatteries ont été faites, et de toutes les couches de la société. Têtes couronnées, prélats, seigneurs, bourgeois, peuple, tout s'est mis à ses pieds. Ceux qui, par conviction, rancune ou autre cause, se refusaient à la tenir pour souveraine authentique, rendaient un culte à la femme. Heureusement, on ne se connaît pas soi-même ; heureusement, la créature humaine ignore le degré de sa puissance d'attrait, sans quoi celle-ci eût pu être tentée de bouleverser le monde, et il se serait trouvé certainement un nombre suffisant de subjugués pour accomplir sa fantaisie.

Mais, à la même heure, à l'apogée de son invraisemblable triomphe, il y avait à tous les degrés de l'échelle sociale une minorité relative qui n'avait pas assez de haine et d'injures contre la femme de César.

Pour qui l'a approchée, pour qui a été de son entourage, il est certain que les uns et les autres sont tombés dans une exagération singulière. Elle ne méritait :

« Ni cet excès d'honneur, ni cette indignité. »

Son charme, son unique charme était, en sa jeunesse, une beauté incontestable, mais une de ces beautés qui étonnent sans captiver, disons le fin mot, sans provoquer le désir chez la généralité des hommes.

Parmi les dignitaires de sa cour, on n'en connaît pas un qui, s'il eût pu choisir, ne lui eût préféré la moindre de ses dames suivantes, la moins belle de ses amies.

A distance, et grâce uniquement au prestige de la souveraineté, cette beauté, en sa splendeur, semblait dominer toutes les autres. Mais de près, c'est-à-dire pour qui pouvait franchir l'obstacle du décorum, de l'étiquette, sa beauté devenait vite monotone et fade.

Et puis, quelle beauté eût pu tenir contre la nullité des ressources intellectuelles dont elle était affligée; quelle beauté avec ces mièvreries d'attitude, ces abandons affectés et presque contorsionnés?

Ce beau visage, ces superbes épaules, devenaient peu de chose lorsque la personne descendait de son piédestal. Le sourire seulement détruisait la majesté des lignes du masque qui, sans grande expression, en général, devenait tout à coup grimaçant.

Parlait-elle? Autre écueil! La voix, sans douceur, bien plutôt gutturale ou sifflante, grâce à l'accent espagnol qu'elle n'avait pu dompter, impressionnait désagréablement ceux qui, n'ayant pas de fonctions auprès d'elle, n'avaient pas l'occasion de s'accoutumer à ces détails, auxquels les Français sont si fort sensibles.

Du reste, cette beauté ne dura guère, du moins chez l'Impératrice, qui était loin d'être une enfant quand elle s'implanta sur le trône. La maternité lui porta un coup profond, et c'est depuis de longues années qu'elle croyait devoir recourir à un maquillage extraordinairement laborieux, qui lui valut du moins de rester, pour la foule, la belle impératrice. Dans les derniers temps de son règne, elle en était venue à s'enduire la totalité de la face d'une pâte qui, séchant à mesure, finissait par s'écailler, en sorte que le soir, en l'approchant, son visage ressemblait à ces faïences dites craquelées dont les amateurs de potichomanie et de bric-à-brac sont si curieux.

C'est par ces raisons, qu'on ne comprend plus aujourd'hui, pourquoi cette femme fut tant et tant admirée, prônée, adorée.

La haine dont elle fut l'objet ne s'explique pas mieux ; car, pour lui rendre toute justice, en historien parfaitement désintéressé, il n'y a pas un mot de vrai dans le caractère que lui ont attribué tous les brochuriers et tous les pamphlétaires qui se sont occupés d'elle.

Elle n'était pas assez dégourdie du côté du cerveau, pour mener seule l'intrigue de table d'hôte qui la fit impératrice. Sans les fins matois qui complotèrent l'aventure, elle serait encore dans le centre un peu louche où la mort prématurée (nous ne dirons pas de son père, mais plus strictement et plus réellement, du mari de sa mère), du comte de Téba l'avait jetée, et où d'elle-même elle se fût probablement lancée.

Eugénie, par son caractère, par ses goûts et sa nature, était faite pour être la femme, un peu évaporée peut-être, de quelque fonctionnaire subalterne, une sorte de chef de division dans un ministère quelconque. Femme à idées étroites, superstitieuse au delà de toute expression, elle eût brûlé des cierges pour obtenir de la Vierge une gratification de fin d'année à son époux. Elle eût eu, chez elle, une petite cour de soupirants, pris dans les employés de la division du bonhomme qu'elle eût épousé, et un jour par semaine, elle se fût donné le mesquin plaisir de trôner dans ce petit cercle médiocre. Elle eût voulu, pour une fois au moins, assister à un bal masqué de l'Opéra. Elle eût fait la partie, avec une dame de ses amies, d'aller entendre Thérésa dans les bouis-bouis enfumés où celle-ci vociférait ses *romances*. Mais, curieuse et fantasque, sa fantaisie se serait satisfaite à ce prix, et l'honnête chef de division aurait pu dormir tranquille sur la légitimité des marmots qu'il eût obtenus d'elle.

Mais elle avait contre elle, contre son repos et contre son bonheur, en somme, une créature d'un autre tempérament : Madame sa mère. Un type complet, celle-ci.

D'après des rapports de police, trouvés, en ces derniers temps dans les papiers particuliers de l'Empereur, aux Tuileries, rapports qui ont été publiés récemment (voir *Papiers Secrets du Second Empire*, n° 9), la mère Montijo ne valait guère mieux que la généralité de ces aventurières dont le demi-monde de tous les pays fourmille.

Veuves, sans défunt, anges méconnus, épouses dont le mari « s'est bien mal conduit » ou encore, femmes dont le mari est toujours en voyage, toutes individualités dont l'existence est problématique, où perce le bas-bleu, l'artiste interlope, tel était le centre où s'ébattait, dès 1825, la future belle-mère de Napoléon III.

On remarquera d'ailleurs que la situation avait assez d'analogie avec celle de Joséphine, veuve de Beauharnais, à cela près que Joséphine était véritablement veuve d'un noble, tandis que le comte de Téba, soit qu'il eût négligé de certaines formalités légales, soit qu'il se fût anobli lui-même, n'était reconnu comte ni en Espagne, ni en France.

D'après les documents officiels, en 1825, Madame de Montijo habitait avec sa fille chaussée d'Antin, n° 8, et le policier certifie qu'il se tenait chez elle de petits cercles de femmes galantes et de vieux polissons.

Ce fut au point que des voisins, sans doute scandalisés, en informèrent la police.

On ne sait si la comtesse de Téba se prêtait seulement aux intrigues qui se nouaient chez elle, ou si, dépourvue d'un attachement sérieux, elle se mettait de la partie.

Néanmoins, il est à supposer que les bénéfices qui résultaient pour elle de ses complaisances quelconques ne donnaient pas d'énormes rentes, à moins que ses dépenses personnelles ne fussent non en rapport avec ses revenus ; ce qui est certain, c'est que trois ans après, ses dettes étaient montées à un tel chiffre, qu'elle fut obligée de s'enfuir en Angleterre, laissant à peine un mobilier très-fatigué, quant aux siéges surtout, en payement pour une somme de dettes qui dépassait cent cinquante mille francs.

Elle partit seule pour Londres ; sa fille Eugénie fut laissée dans un pensionnat, dont un ami, habitant Paris, fut chargé de payer régulièrement les trimestres.

Cet ami, qui, probablement, y mettait du sien, c'était Prosper Mérimée, qui a toujours passé pour tenir de fort près à celle qui fut la souveraine de nos voisins.

Pendant huit années, la police française perdit la trace

de cette noble dame. C'est seulement deux ans après qu'on fut informé, par la police de Londres, où elle était surveillée exactement pour les mêmes raisons, de son retour en France avec l'intention avouée de s'y fixer.

Elle revint donc à Paris, en 1838, mais il est probable qu'elle avait fait de meilleures affaires avec les lords et les marchands de la cité; car, après avoir été observée durant six semaines à Paris, on l'abandonna, tant sa vie était en apparence régulière. Pendant trois ans, aucun rapport sur elle.

Un fait vint démontrer tout à coup que la dame n'avait nullement changé d'existence et qu'elle avait plutôt aggravé sa situation, en ajoutant les ressources de la maison de jeu, du tripot clandestin à celles de la maison de tolérance; seulement, elle avait mieux pris ses précautions, et était parvenue à dépister les agents de la préfecture.

Un drame épouvantable se passa chez elle.

Un jeune homme, du nom d'Henri, venait assidûment aux soirées de bouillotte que donnait la dame. Dans son salon se trouvaient un certain nombre de ces étrangers de tous les pays qui se prétendent victimes des crises politiques, et qui se parent de titres de toute sorte. Pas un qui ne prétendît être propriétaire de châteaux et de fermes productives dans sa contrée. Et ces estimables réfugiés jouaient un jeu d'enfer.

Le malheureux Henri était caissier d'une importante maison d'exportation. Il avait à disposer chaque jour de sommes importantes et de valeurs de toute espèce.

La passion du jeu, et peut-être un amour discret, l'attiraient chez la comtesse. Bientôt ses appointements ne lui suffirent plus pour se tenir sur le pied d'élégance de la maison; car outre le jeu très-cher, c'étaient des fêtes perpétuelles et des parties au dehors, où les voitures, les soupers, les dépenses folles étaient prodiguées.

Longtemps des gains, que peut-être habilement on lui laissa faire, lui permirent de rester sur un pied d'égalité avec la compagnie. Puis la deveine arriva, persistante, incompréhensible.

Mais le jeu a cela de particulier, que l'on peut n'en jamais désespérer. Tout y est inconnu. La deveine n'a pas plus de raison de continuer que de s'arrêter brusquement et de faire qu'en quelques tours de cartes on ne rattrape tout ce que l'on a perdu. C'est du moins ce qui arrive le plus souvent, quand le sort est seul maître de la partie.

Malheureusement, l'un de ces exilés si intéressants dont la compagnie de la comtesse était si riche, savait corriger le sort, le diriger à son plaisir et à son profit. Si bien qu'Henri finit par *s'enfiler* (le terme est consacré) au point de craindre que les emprunts faits à la caisse de ses patrons ne fussent à la fin découverts, tant ils offraient un total exorbitant.

Henri avait plus d'une fois prêté de l'argent à la comtesse, argent que celle-ci lui avait remboursé, tantôt en écus, tantôt par un coup de cartes. Il la prenait pour ce qu'elle se donnait, c'est-à-dire pour la veuve d'un réfugié espagnol, colossalement riche en son pays.

Henri croyait à elle. Il lui conta sa position, et fit appel à son bon cœur.

Que se passa-t-il entre eux? On n'en peut répondre. On n'a que la relation qu'en fit la comtesse dans l'enquête qui fut ordonnée après l'événement. Quoi qu'il en soit, il est vraisemblable qu'il y eut de la part d'Henri des supplications, des pleurs, et que la comtesse, fort empêchée probablement de fournir, même si elle en eût été tentée, la somme que le jeune homme avait détournée le congédia; car, s'étant levé pour se retirer, à peine la porte du salon franchie, le malheureux se tira un coup de pistolet dans l'appartement même de madame de Montijo.

Heureusement, l'émotion, le trouble qui le tenaient, l'empêchèrent de s'y prendre efficacement. La balle lui fit une atroce blessure, mais qui n'avait rien de mortel.

Que devint cette histoire?

On ne sait. On pense qu'après le coup de fortune qui fit de la comtesse de Montijo une « Madame-Mère » elle trouva assez de fonctionnaires complaisants pour faire disparaître la plus grande partie des pièces de son dossier à la préfecture de Police de France.

L'unique pièce trouvée dans les papiers particuliers de son gendre, et publiée dans les *Papiers Secrets*, montre que celui-ci était édifié, trop tard peut-être, sur le degré d'honorabilité de sa belle-mère, et que, craignant quelque résistance, ou quelque mauvais tour de sa part, il avait voulu garder en sa possession un document qui lui servît d'arme contre elle et la fît marcher à son idée.

Dans ce document se trouve un alinéa qui, lorsqu'il en eut connaissance, ne dut pas faire grand plaisir au mari d'Eugénie. On n'est jamais bien flatté d'apprendre que sa femme a été la cause d'un duel entre deux soupirants, si platoniques qu'ils pussent être, si décidés qu'ils fussent à faire leur cour pour le bon motif.

C'est qu'en effet, peu après l'affaire du caissier Henri, un colonel et un capitaine dont les noms sont connus, se battirent à l'épée pour la belle Eugénie.

Avaient-ils donc des droits quelconques pour appuyer leurs prétentions?

Quelle en pouvait être la nature?

Empereur, ou simple bourgeois, ce sont des questions peu agréables à se faire, et dont, malgré toutes les réponses imaginables, on n'a, ou l'on croit n'avoir jamais le fin mot.

« Et la garde qui veille à la porte du Louvre
» N'en défend pas les rois. »

Sachant le degré d'intimité qui existait entre les dames de Montijo et Prosper Mérimée, on s'est demandé quel rôle celui-ci joua dans les intrigues qui amenèrent le couronnement d'Eugénie.

La vérité est que le littérateur avait peu de relations avec elles depuis longtemps. Il ne partageait en rien leur vie, et ne savait guère ce que complotait la mère.

Eugénie seule l'intéressait. Elle venait chez lui de temps en temps, pour lui rendre certains devoirs qu'elle lui devait; mais c'était tout.

Quant à la mère, c'était une vieille histoire.

Alors que Louis Bonaparte n'était encore que président de la république bizarre qui devait créer l'empire, la belle Eugénie et sa mère se montrèrent à la cour du triomphateur. Mais elles étaient loin de songer à lui.

Eugénie n'était plus une toute jeune fille; plus de dix mariages avaient été ébauchés et avaient été rompus, on ne sait pourquoi, et les affaires étaient à ce point que la mère désespérait de trouver un gendre; ce dont d'ailleurs sa fille se souciait fort peu.

La vie qu'on lui faisait mener ne lui déplaisait pas. Si on ne l'épousait guère, du moins elle était assidûment courtisée. C'est là tout ce qu'elle ambitionnait. D'un tempérament froid, — ignorante après tout, — elle vivait relativement heureuse, sans savoir d'où venaient les ressources de sa mère.

Mais celle-ci voyait l'âge venir; elle pensait au solide. Il lui fallait pour ses vieux jours des revenus certains et des ressources avouables; car ces femmes, à un certain âge, alors que le plaisir n'est plustout l'idéal pour elles, ont un besoin extraordinaire de considération.

Elles parurent donc dans l'entourage du Président. En vérité, la fille y fit sensation, sur tous ces hommes qui, venant à peine de laver le sang de leurs mains, pensaient à jouir du fruit de leur complot.

Le Président plus qu'un autre y fut pris, de telle sorte qu'après y avoir songé, sans consulter personne, il offrit à la belle de l'épouser le plus légalement qu'elle pourrait le souhaiter.

C'est véritablement une chose bouffonne à dire, mais qui est l'exacte vérité.

La proposition du chef de l'État parut une très-misérable affaire à la jeune comtesse de Téba.

— Y songe-t-on, un méchant président d'une république instable, qui sera balayée avant peu !

La Montijo trouva même que cela était un contre-temps fâcheux. Il fallait refuser net, et ainsi on était obligé de s'éloigner d'un centre où l'on aurait trouvé précisément ce qui convenait pour se tirer d'affaire.

La pauvre dame en était désolée. Elle accusait le sort, et sa fille en subit le contre-coup. Pendant des mois, elle fut d'une humeur détestable; elle faillit en tomber malade.

Certains de ses amis pourtant pensaient tout autrement. Ils prévoyaient peut-être que les hommes qui avaient été capables du coup d'État, ne laisseraient pas leur souverain descendre du pouvoir. Ils flairaient le monarque sous le président ; leurs yeux apercevaient l'aurore d'un nouvel empire.

Mais la Comtesse n'y croyait pas, et se décidant à repousser les prétentions du personnage, elle résuma son opinion par un dicton qui ne devait que plus tard, et grâce à sa fille, entrer dans le vocabulaire des cours :

— Le jeu n'en vaut pas la chandelle.

CONSEIL TENU PAR LES DIGNITAIRES.

C'en est fait. D'un concert unanime, les cours européennes ont décliné l'honneur, non peut-être de fournir une souveraine à la France, mais précisément de livrer une de leurs filles aux baisers du nouvel Empereur.

On n'est pas fier aux Tuileries. On se tient coi dans l'intimité. Le vieux roi Jérôme est presque consigné, car c'est lui, le traître! qui a mis sur le tapis l'idée d'un projet d'alliance matrimoniale avec une véritable princesse.

Ce vieux roi serait-il un mystificateur ?

Hélas! c'est lui faire bien trop d'honneur. Vieux, cassé, fatigué par toute sorte d'excès, il a toujours été d'une sincérité admirable.

Il croyait que *c'était arrivé*, le bonhomme. Il croyait que les Bonaparte étaient des princes au même titre que les d'Orléans, et les Bourbons. Il croyait à une Restauration impériale, ni plus ni moins que s'il se fût agi du comte de Paris ou du duc de Bordeaux. Et en son âme et conscience, il lui semblait que les rois ne feraient pas difficulté de s'allier à son parent. Voila pourquoi il avait conseillé, recommandé les démarches.

Visiblement, il oubliait qu'on l'avait fait gouverneur des Invalides, quoiqu'il ne lui manquât ni pied ni patte. La lésion était autre part : dans la cervelle, qu'il n'avait jamais eue bien solide, en aucun temps.

Néanmoins le camouflet était indéniable. Le monarque en avait la joue rouge, les quatre doigts et le pouce y avaient fait tuméfaction.

Or, si secrètes que fussent tenues ce qu'on continuait d'appeler les *négociations*, il en avait assez transpiré dans le public, pour que le prestige du Sire en souffrît. Grave inconvénient!

Les rois, ma foi! on avait le loisir d'en tirer vengeance; n'avait-on pas des soldats qu'il fallait occuper? Qu'on prît pour le pays quelques provinces de la Savoie, en attendant qu'on rectifiât la frontière du Rhin, et les potentats seraient suffisamment punis de leurs dédains. Car, tout le temps de ce règne, ces conquêtes furent l'objectif de la politique des courtisans, en dépit de toutes les protestations que l'on fit publier en France et à l'étranger, à force d'argent.

Mais on sentait qu'il y avait péril à ce que le peuple français, c'est-à-dire le peuple des villes, le reste ne sachant seulement pas de quoi il est question en n'importe quel cas, il y avait donc péril à ce que le peuple eût conscience de la rebuffade reçue en plein orgueil par son souverain.

Il parut urgent d'y obvier.

Pendant que M. Bonaparte, dissimulant son crève-cœur, badinait avec les demoiselles de tous les échelons de la société, un grand conseil de dignitaires fut tenu chez Morny, qui, ce jour-là prenant la présidence, se prépara au rôle qu'il devait si habilement jouer à la Chambre des députés.

Tous les dévoués y assistaient, sauf M. Mocquart, ennemi juré du frère de l'empereur, le seul qui pût balancer l'influence qu'il était, quoi qu'on en ait pensé, si facile de prendre à un Morny, sur l'esprit d'un pauvre sire tel que celui-ci.

Saint-Arnaud, Persigny, Fould, Magnan, le vieux Vaillant, Walewski, Conneau, Billault, et toute la séquelle, sans oublier Canrobert, qu'on avait appelé de Lyon, où il gênait le vieux Castellane, étaient présents.

Rouher n'y fut pas convié. A cette époque, l'illustre Auvergnat était mal vu dans l'entourage. On doutait de son dévouement. On lui reprochait ses proclamations républicaines de 1848, et la prudence qu'il avait mise à se rallier après le coup d'État.

Plonplon, qui était de l'assistance, n'y avait été convié que par convenance. Encore un que l'on n'aimait pas. Non qu'il manquât de dévouement, bien au contraire; mais casse-cou, fantasque, très-prétentieux quant à l'indépendance du caractère, ce qui ne l'empêchait pas de palper sa liste civile et tous les traitements qu'il lui plaisait de recevoir, il se prêtait mal au rôle qu'on lui avait confié dans la comédie.

C'était pourtant un rôle aisé, agréable et brillant, qui consistait à se faire le noyau de l'opposition et ainsi de la mâter et d'aider à la diriger dans le vide.

Mais le gaillard était assez intelligent, pour comprendre qu'en résumé le tout consistait à être le premier mouchard de l'Empire, et il avait des scrupules. En sorte qu'on le soupçonnait de caresser des espérances qu'il eut évidemment ; il en garde encore, assure-t-on.

Piétri, lui, n'avait été convoqué que pour fournir des renseignements sur un sujet fort délicat, dont l'Empereur ne s'ouvrait à personne ; à savoir son exacte situation, dans le moment présent, à l'égard de miss Howard.

Du débat qui s'engagea, une fois que celui-ci eût affirmé qu'il n'y avait pas lieu de s'occuper de l'ex-belle Miss, il résulta que l'Empereur devait se marier dans le plus bref délai.

Sur ce point tout le monde fut d'accord, même le prince Napoléon, qui croyait son cousin dans l'impossibilité de se donner un héritier.

Mais quand il fallut aborder la question des voies et moyens, la confusion la plus grande régna dans la réunion. Les uns parlaient d'aller chercher une impératrice dans les royaumes de l'Amérique.

— Pourquoi pas la reine Pomaré? fit dédaigneusement Morny. Les voyous l'appellent déjà Soulouque, ce serait complet.

On divaguait à plaisir, quand monseigneur Sibour demanda la parole.

— Mon avis, dit-il en substance (d'après ce qu'il en a dit plus tard à son vicaire général), est que l'Empereur doit épouser une française. Le pays lui en saura gré, et aux yeux de l'Europe on ne manquera pas de bonnes raisons pour légitimer ce choix. L'Empereur, ne l'oubliez pas, est et doit être le plus libéral de l'empire; un mariage de ce genre serait donner du poids à sa prétention.

Persigny jeta les hauts cris. Il lui sembla qu'on proposait de mettre son homme en ménage, comme le premier bourgeois venu. Il voyait là une atteinte à la majesté impériale. Il entrevoyait des analogies éloignées avec les prétentions au libéralisme des d'Orléans, et rien ne pouvait lui répugner davantage.

Cependant la majorité des assistants se ralliait à l'idée de l'archevêque, à cela près qu'on n'était pas d'avis de pousser le libéralisme trop loin.

Ces aventuriers trouvaient la bourgeoisie puante! On dit bien que les employés des voitures nocturnes sont incommodés des exhalaisons quand ils ont à *travailler* chez un parfumeur.

A force de discuter, non sans échanger des aménités médiocrement courtoises (on était entre soi!), on finit par se ranger d'enthousiasme à la proposition de Billaud, qui acceptait le mariage avec une française; mais à la condition, de donner pour femme à l'Empereur, la fille d'une des meilleures maisons de la plus vieille noblesse *henriquinquiste*.

De cette façon, on satisfaisait à toutes les nécessités; de plus, on posait, croyait-on, les bases d'une fusion qui permettait de se préoccuper un peu moins du parti orléaniste.

Oh! les orléanistes! Ce fut toujours l'épouvantail des gens du second Napoléon. C'est compréhensible d'ailleurs. Outre que c'est le parti le plus riche de France, celui qui offre le plus de garantie, quant à la moralité des chefs, les d'Orléans, n'avaient-ils pas par deux fois grâcié la Majesté de ces flibustiers ! La reconnaissance est lourde à de tels êtres ; elle se change tout naturellement en haine.

Une fois le programme arrêté, il ne s'agit plus que de le faire admettre par Napoléon.

Qui s'en chargerait ?

Les uns proposaient Sibour.

Lui-même déclina la mission.

— Nous sommes entre nous, dit-il, et l'on peut parler librement. Or je crois que sa Majesté n'est pas tellement religieuse, qu'il soit certain que je fasse plus ou mieux que l'un de vous sur son esprit. Et puis, c'est une pure affaire de famille ; c'est donc à M. de Morny et à monseigneur le prince Napoléon d'aborder et de traiter la question. Pour moi, ajouta l'honorable prélat, je serai plus utile, une fois que Sa Majesté se sera rangée à notre avis. C'est moi qui choisirai les jeunes personnes à lui offrir, et c'est moi, s'il vous plaît, qui m'emploierai à lever certains scrupules, s'il s'en trouvait dans les familles.

Il fallut s'y prendre de longueur pour aborder la question avec l'Empereur.

Plusieurs fois au mot mariage, il avait froncé le sourcil.

Il leur gardait rancune.

Le cousin Jérôme se fit envoyer promener le premier. Mais on comprend dans quelle forme. L'Empereur ne s'emportant jamais officiellement, la boutade fut en quelques phrases sèches et dures, qui firent que précisément ce fut l'autre qui éleva la voix.

Très-intelligent, mais dépourvu du moindre esprit, le prince Napoléon était d'un orgueil et d'une susceptibilité extraordinaires, même chez un véritable prince.

Celui-ci, tout fier et satisfait qu'il était de la petite position que lui rapportait l'Empire, quand la veille il en était aux expédients pour les frais de la vie courante, s'il se tenait pour le plus véritable prince qu'il y eût sous la calotte des cieux, il n'était pas encore habitué à voir un empereur dans son cousin.

Depuis si longtemps toute la famille l'avait renié! Depuis si longtemps, entre soi, on en riait, on le bafouait avec sa manie d'aspirer au trône! Depuis si longtemps enfin, on était humilié d'être de sa famille, qu'il fallait quelque temps avant qu'on prît au sérieux sa dignité récente.

On l'admettait si peu, avant le coup d'État, que ce n'est pas Rochefort qui le premier, l'a appelé « le fils d'Hortense ». C'est la princesse Mathilde qui inventa la périphrase, qui eut un succès fou dans son intimité.

C'est peut-être de là qu'elle est venue à Rochefort. En ses jeunes années, ce farouche républicain (qui ne s'en doutait pas) fréquentait plus d'une société voisine des petits cercles de Mathilde.

Ainsi, malgré toute étiquette, le fils de Jérôme riposta bruyamment aux pointes de l'autre, ce qui emmena une brouille qui dura, et pour laquelle on dut s'employer.

C'est que la vie de tout ce monde était pleine de faits dont on ne ferait pas facilement un roman pour *le Musée des Familles*. Ils se connaissaient tous comme le fond de leur poche, et quand ils se mettaient à avoir de la mémoire, ils avaient beau jeu pour se crier des sottises.

Le cousin ayant échoué, Morny vint à la rescousse.

Il avait des formes au moins celui-ci, on pouvait s'expliquer en ami.

Cependant, dès les premiers mots qu'il laissa échapper sur cet épineux sujet, l'Empereur lui coupa la parole.

— Mon cher, lui dit-il, mon choix est fait.

— Gare! pensa Morny.

Mais si bien qu'il s'y prît, il ne put parvenir à savoir le nom de la jouvencelle que le monarque avait distinguée dans la foule de celles qui encombraient le Palais et qui, pour le plus grand nombre, se seraient tenues honorées pour moins que le légitime mariage.

Il fallut un certain temps et de grands déploiements de finesse de la part de la police, pour découvrir le pot aux roses.

A la fin cependant, on apprit que l'Empereur songeait sérieusement à faire asseoir à côté de lui, sur le trône, la belle espagnole qui jadis avait fait des façons.

En l'apprenant, Morny s'écria :

— C'était écrit!

On chercha la raison de la préférence du Sire. Comment, lui, le maître d'un peuple qui se dit le premier du monde, lui si rancunier, il revenait à la fille d'une intrigante qui l'avait repoussé alors qu'elle ne croyait pas à sa réussite. Lui, qui avait l'orgueil de ne supporter aucun obstacle, il se décidait pour celle qui avait fait des façons.

Pourquoi?

— Pour ça justement, dit Mathilde.

On pense bien que tout fut mis en œuvre pour contrecarrer le projet scandaleux. Mais on échoua de tous les côtés.

On espéra sur l'intervention de miss Howard. Peine

perdue. La vieille anglaise, pourvue, dotée, remboursée en partie, se déclara satisfaite.

On voulut du moins détourner ce courant d'amour, en lui offrant les plus séduisantes occasions d'être aimé.

Rien ne réussit.

On n'en prenait pourtant pas son parti, quand un matin, à un conseil des ministres, l'amoureux potentat annonça carrément sa résolution.

Deux heures après, tout Paris était au courant de la chose, et l'on se tenait les côtes de rire.

Le rire des Parisiens n'y fit pas davantage. M. Napoléon est le plus bel entêté de la terre; il ne se fâcha, ni ne discuta, il ordonna seulement à Mocquart, qui était pour lui, de lui fabriquer une proclamation qui satisfît à toutes les obligations, qui parût, quoique après coup, la riposte aux cours étrangères; en un mot, une réponse résolue et définitive qui coupât court aux intrigues qui commençaient à le fatiguer.

En même temps, il commanda le trousseau, le décor et les accessoires.

Mocquart accoucha du morceau suivant :

« Messieurs les sénateurs,

» Messieurs les députés,

» Je me rends aux vœux si souvent manifestés par le pays, en venant vous annoncer mon mariage.

» L'union que je contracte n'est pas d'accord avec les traditions de l'ancienne politique, c'est là son avantage.

» La France, par ses révolutions successives, s'est toujours brusquement séparée du reste de l'Europe ; tout gouvernement sensé doit chercher à la faire rentrer dans le giron des vieilles monarchies ; mais ce résultat sera bien plus sûrement atteint par une politique droite et franche, par la loyauté des transactions, que par des alliances royales qui créent de fausses sécurités et substituent souvent l'intérêt de famille à l'intérêt national.

» D'ailleurs, les exemples du passé ont laissé dans

l'esprit du peuple des croyances superstitieuses ; il n'a pas oublié que, depuis soixante-dix ans, les princesses étrangères n'ont monté les degrés du trône que pour voir leur race dispersée et proscrite par la guerre et la révolution. Une seule femme a semblé porter bonheur et vivre plus que les autres dans le souvenir du peuple, et cette femme, épouse modeste et bonne du général Bonaparte, n'était pas issue d'un sang royal.

. . . .

. . . .

» Quand, en face de la vieille Europe, on est porté par la force d'un nouveau principe à la hauteur des anciennes dynasties, ce n'est pas en vieillissant son blason et en cherchant à s'introduire à tout prix dans la famille des rois, qu'on se fait accepter.

» C'est bien plutôt en se souvenant de son origine, en conservant son caractère propre et en prenant franchement vis-à-vis de l'Europe la position de *parvenu*, titre glorieux lorsqu'on parvient par le libre suffrage d'un grand peuple.

» Celle qui est devenue l'objet de ma préférence est d'une naissance élevée. Française par le cœur, elle a, comme Espagnole, l'avantage de ne pas avoir en France de famille à laquelle il faille donner honneurs et dignités.... Catholique et pieuse, elle adressera au Ciel les mêmes prières que moi pour le bonheur de la France; gracieuse et bonne, elle fera revivre dans la même position *les vertus* de l'impératrice Joséphine.

» Je viens donc, messieurs, dire à la France : J'ai préféré une femme que j'aime et que je respecte, à une femme inconnue dont l'alliance eût eu des avantages mêlés de sacrifices. Sans témoigner de dédain pour personne, je cède à mon penchant, mais après avoir consulté ma raison et mes convictions. Enfin, en plaçant l'indépendance, les qualités du cœur, le bonheur de famille, au-dessus des préjugés dynastiques et des calculs de l'ambition, je ne serai pas moins fort, puisque je serai plus libre.

» Bientôt, en me rendant à Notre-Dame, je présenterai l'Impératrice au peuple et à l'armée; la confiance qu'ils ont en moi assure leurs sympathies à celle que j'ai choisie, et vous, Messieurs, en apprenant à la connaître, vous serez convaincus que, cette fois encore, j'ai été inspiré par la Providence! »

La Fontaine a dit autrement :

« Certain renard gascon, d'autres disent normand,
« Vit au haut d'une treille
« Des raisins mûrs apparemment
« Et couverts d'une peau vermeille.
« Le galant en eût fait volontiers son repas ;
« Mais comme il n'y pouvait atteindre :
« Ils sont trop verts, dit-il, et bons pour des goujats.

« Fit-il pas mieux que de se plaindre ?

COMMENT LES PRINCES FONT LA COUR.

Les princes et les rois, nous étant démesurément supérieurs, tout ce qu'ils font, doit nous être proposé pour exemple, si l'on veut que l'humanité se perfectionne.

C'est pourquoi nous avons cru devoir faire ici le tableau du poëme de poésie, de grâce et de parfait amour, de ces deux tourtereaux.

Lui n'était pourtant plus un adolescent.

Elle approchait de la trentaine.

N'importe! les personnages de cette importance ont des privilèges divins, la grâce chez eux est vivace. Et puis, l'originalité domine; c'est instructif à tous égards.

On savait déjà que, quant à lui, c'était un séducteur très-délicat. La façon dont il *subjugua* miss Howard, en la suivant purement et simplement dans la rue, et en entrant de force dans son appartement, avait donné de lui la plus gracieuse idée.

La façon dont il s'y prit à Ham, pour décider un père à tolérer que sa fille devînt sa maîtresse, complète le tableau, et nous pourrions nous dispenser d'insister.

Mais il faut remarquer, que la première de ces dames était d'une galanterie officielle, et que l'autre était blanchisseuse. En outre, malgré les enfants qu'il en eut, il ne pouvait être question de mariage avec elles.

Pour la belle Eugénie, il fallait un autre système, puisqu'il s'agissait d'un autre but à toucher.

Néanmoins, le Sire ne pouvait réformer son caractère. En réalité, il est d'une timidité exceptionnelle avec les femmes. Toutes celles qui ont eu l'*honneur* et l'agrément de l'approcher au plus près, en témoignent, quand on les met sur ce tapis.

C'est par timidité qu'il entra chez l'Anglaise, comme dans un lieu de tolérance.

C'est par timidité qu'il offrit brutalement une somme au père de la jeune fille dont il voulait user, faute de mieux, dans sa prison.

Car les esprits timides, lorsqu'ils cessent de ne pas oser, osent trop, et font ce qu'un libertin hésiterait à entreprendre.

Sa timidité était la même avec Eugénie.

Pour qu'il pût faire sa cour sans intermédiaire, ce dont il n'avait pas l'habitude, Mocquart et Fleury se chargeant d'ordinaire de tout, il fallut le recueillement des grands arbres de Fontainebleau.

Il alla s'y confiner, puis la maison organisée, il fit des invitations.

On pense que les dames Montijo furent du nombre des privilégiées.

Pendant les premiers jours, les fêtes furent ce qu'elles sont habituellement. Grands dîners trop copieux, spectacles d'un intérêt modeste; tout le monde étant guindé, promenades et tout le programme de ces réjouissances princières où l'on bâille démesurément.

Cependant, ce n'était pas cela. Tout au plus les futurs époux, s'entretenaient-ils à l'écart dans un grand salon, devant tout un personnel gourmé : Rien à faire.

On changea la série. On laissa les programmes de côté. On envoya majesté et décorum par-dessus les moulins, et l'on n'invita que de bons enfants des deux sexes.

Alors, petits dîners, promenades en petites sociétés séparées, petits déjeuners sur l'herbe, petits soupers dans les appartements particuliers.

Et, par-dessus tout, bals au piano, dans les petits salons, avec un peu de cancan dans les quadrilles.

Dès ce moment, la gaîté se produisit, et la timidité du monarque s'humanisa. Il se sentait dans les eaux où toute sa vie, il avait navigué.

Le plus souvent possible on se rencontrait à l'écart, d'abord fortuitement.

Puis les rendez-vous vinrent.

Les voyez-vous, tous deux, dans le bosquet choisi. Elle se fait attendre, la coquette! Elle arrive enfin. Entendez-vous les tendres reproches? Elle folâtre! Il la boude. Il pardonnera; mais!...

— Vous badinez, sans doute!

Il oublie qu'il est Majesté! Il implore! Douce résistance. Il va oser... Mais, pas de ça, Lisette! Maman a bien fait la leçon!

O somptueuses effluves de la nature, harmonies célestes, quel concert, quels accompagnements à ce duo d'amour si suave et si pur!

Elle n'a que vingt-sept ans à peine. Lui, n'a pas cinquante ans, et pourtant Estelle et Némorin ne devaient pas être plus aimables.

D'autres fois, à la brune, sur les pelouses ratissées, c'est un bal champêtre entre quelques amis.

La musique des guides se tient cachée sous les massifs feuillus. Les cent-gardes, rangés en cercle, le dos tourné, portent des torches au lieu de sabres. Les officiers, groupés ici et là, fument les cigares du château, et le champagne coule à flots.

Dans le cercle, adorables ébats! on rit. Les vieilles disent des gravelures. Un artiste leur fait des contes égrillards. Les jeunes dansent, et ceux que l'on préfère, *chahutent* légèrement.

Celui-ci, fils de noble race, rallié, imite les comiques en vogue. Celle-là fait le cavalier seul, en secouant ses jupes avec une grace digne de Rigolboche.

Et l'on s'amuse!

Pourquoi donc pas? Jupiter sourit à Vénus la blonde, et les impôts rentrent régulièrement.

Pourquoi donc pas? Les prélats disent que ça va bien là-haut, et que « Dieu protége la France. »

Pourquoi donc pas? L'opposition est si mince! Cinq avocats, pas plus. Et le reste docile, vote comme on veut.

On s'amuse!

Quoi de plus innocent? quoi de plus légitime. L'Amour est au milieu des Grâces, et l'Hymen sourit, en attendant qu'on le fête à son tour.

Mais attendre! c'est si long, si pénible, surtout quand

on a la couronne en tête. Attendre! quand on est si épris, si monté! Attendre!...

Bah! peut-être ne faudrait-il qu'un peu d'audace, qu'une occasion. Mais quoi encore, comment, et quand?

Allons Fleury; allons Mocquart, gagnons nos traitements, mes braves; voilà le moment de faire briller le dévouement!

Sont-ils insuffisants? Allons, ministres, magistrats, généraux, diplomates; que la Cour des comptes s'en mêle, s'il le faut.

Inutile de déranger tant de dévoués. Mathilde est femme d'expérience, elle se chargera de la besogne.

Le ciel est bleu, dans la nuit claire, que la lune embellit de ses rayons ardents, tout le monde est rentré. Il fait chaud et pourtant aucune fenêtre n'est ouverte, sauf une, à ce balcon. Heureuse exception!

Une ombre se glisse à pas prudents sur le sable des allées. Est-ce un roi? Est-ce un rustre? A cette heure, qui sait?

Il avance.

Sous le balcon, pend une échelle de corde : fortuné hasard. Il y monte. L'y voilà!

— Chut! dit-elle.

Et lui qui n'avait plus qu'un échelon à gravir, reste là, la prière aux lèvres.

— Non, Louis, dit-elle; ma mère pourrait vous entendre; soyez prudent.

Et il reste; un peu inquiet pourtant. Si l'échelle n'était pas solide? S'il tombait?

Voyez-vous? voyez-vous le deuil de la France après cela. Voyez-vous les conservateurs. Et entendez-vous le féroce rugissement, cri d'espoir! de l'hydre de l'anarchie?

Non, Sire, ne craignez pas. Trop de fortunes sont édifiées sur votre vie pour qu'on ait permis qu'elle fût exposée un moment.

L'échelle a été éprouvée par un gymnaste émérite. Et dans l'ombre des soubassements, huit hommes sont en bas, prêts à vous recevoir dans un filet, si le moindre craquement se faisait entendre.

Mais quel tableau ! Ne nous voilà-t-il pas revenus au temps de Roméo. Rien n'y manque, pas même l'alouette.

Ils causent; le Ciel seul les entend? Le Ciel et les hommes qui tiennent le filet, et d'autres fonctionnaires habilement dissimulés dans la pénombre des corniches, tout prêts à se porter au secours du sauveur de la Société, de la Religion et de la famille, s'il survenait le moindre accident.

Ils causent et ce qu'ils disent embaumerait la nuit, si les paroles avaient des parfums, comme les fleurs. Mais ce sont bien plutôt des perles qui tombent de leurs lèvres. Ah! les prodigues, qui n'ont pas un poëte pour les recueillir. Si l'on y avait pensé pourtant, Théophile Gauthier se fût fait une joie d'être l'historiographe de ce moment si solennel, de conserver à l'avenir un si précieux souvenir !

— Écoutez, dit-elle, l'heure sonne. Je crains pour vous, adieu.

— Non !

— Je vous en conjure.

— Un baiser de vos lèvres.

— Y pensez-vous, Sire !

— Le baiser des fiançailles.

— Si j'étais sûre qu'après vous descendrez.

— Je le jure.

Elle sourit. Peut-être pensait-elle à d'autres serments qu'il avait déjà faits, et non pas à des dames.

Il menaça de rester là, et comme elle résistait encore, le doux débat reprit. Leurs voix se mêlaient pour former un ensemble charment et original, à cause du contraste de l'accent allemand de l'un et de l'accent espagnol de l'autre.

Enfin, elle parut craindre qu'il ne prît froid. L'intérêt l'emporta sur la vertu. Elle se pencha, heureuse que la nuit voilât la rougeur de son front, et l'on entendit le bruit d'un baiser, dont les hôtes des bois tressaillirent magnétiquement.

Quand il mit pied à terre, il était éreinté.

Une heure après, la mère Montijo s'en tenait encore les côtes.

Et dans le palais, on s'en amusait en soupant; car tout le palais avait dû plus au moins se prêter à la cérémonie, afin que rien n'en vînt troubler le cours.

On rouvrait les fenêtres, on rallumait les lampes et, dans les cuisines, on buvait à même le goulot des bouteilles données pour fêter les fiançailles de sa Majesté.

LE JOUR DE GLOIRE EST ARRIVÉ.

Le notaire y avait passé. Le mariage civil était fait; il n'y avait plus moyen de s'en dédire.

Restait la cérémonie religieuse.

Depuis l'aube, les cloches carillonnaient à toute volée. Généraux, évêques, diplomates, allaient se tirer du lit, et se raser de près pour endosser l'uniforme de grandissime gala, le tout retapé à neuf: car on savait déjà que la nouvelle impératrice n'entendait pas raillerie sur l'étiquette.

Les femmes de fonctionnaires se fardaient avec soin; car peu d'entre elles avaient dormi la nuit, tourmentées par un détail de toilette qui manquait encore, et le teint était verdâtre, la paupière rougie. Il fallait être belle.

Pendant ce temps-là, madame Montijo, ayant tout préparé la veille, entrait dans la chambre de sa fille, qui était encore alitée.

C'est l'usage à tous les degrés de la hiérarchie humaine. Une mère a des recommandations spéciales à faire à la fille qui va la quitter, pour les baisers d'un mari.

Cependant Eugénie fut surprise de la physionomie de son excellente mère. Elle pensait bien avoir quelques recommandations à en recevoir; mais la façon dont celle-ci vint s'asseoir au pied du lit de sa fille, avait quelque chose qui présageait une conversation plus sérieuse que l'usage ne le comporte.

D'un autre côté, la comtesse avait à la main un vieux portefeuille de famille qui contenait de ces papiers qu'on garde dans le fond du secrétaire.

De quoi s'agissait-il?

— Ma fille, dit la Comtesse, je ne me fais pas illusion sur l'avenir qui m'est réservé par celui qu'enfin tu as pu épouser, grâce à moi.

— Que veux-tu dire, maman?

— Écoute-moi : Pendant quelque temps il me tolérera, car il est d'un caractère à ne jamais rien brusquer ; mais, après tout, il me déteste du fond de l'âme, et, bon gré mal gré, il me séparera de toi.

Eugénie protesta.

Mais la mère Montijo savait mieux que sa fille les raisons pour lesquelles son gendre ne pourrait bientôt la souffrir, et d'un geste péremptoire, elle interrompit la nouvelle impératrice.

— Crois-moi, fit-elle, je suis certaine de ce que je te dis. Ton mari nous séparera ; il en a le projet arrêté depuis longtemps : toute occasion sera bonne, et sa principale raison, c'est qu'il est convaincu que j'exerce sur ton esprit une influence dont il est jaloux.

La jeune fille sourit finement. Elle semblait dire :

— Je saurai bien obtenir de lui ce que je voudrai.

— Sur beaucoup de sujets, répliqua la mère, tu le conduiras où il te plaira ; mais sur d'autres, tu n'obtiendras rien absolument. Tu ne connais pas cet homme, et, du reste, il faut te le confesser, il est en position de trouver des raisons devant lesquelles tu n'auras rien à répliquer.

Comme la belle Eugénie ouvrait de grands yeux, Mme de Montijo reprit :

— Ma chère, si pénible que ce soit pour chacune de nous, il faut une explication complète entre nous, en ce moment. Restée veuve, sans fortune, je n'ai pas voulu descendre de mon rang ; je n'ai pas voulu que mes filles fussent condamnées à une position médiocre. Sans doute, je n'espérais pas te voir monter si haut ; mais enfin, je m'étais promis de vous établir, ta sœur et toi, dans une situation équivalente à celle où vous êtes nées l'une et l'autre. Malheureusement, pour y parvenir, je n'ai pas toujours pu choisir les moyens. Quelques-uns de ceux que j'ai employés sont de ceux qu'il faudrait parvenir à laisser dans l'oubli, et je compte que, placée comme tu vas l'être, à la tête du pouvoir, tu feras tout au monde pour détruire ce qui pourrait en subsister.

La pauvre Eugénie était pâle. Elle aurait préféré ne rien savoir de tout cela.

Mais sa mère, qui devinait son sentiment, lui dit qu'il était indispensable de l'écouter jusqu'au bout.

Ce fut en soupirant qu'Eugénie s'y résolut.

Alors, madame de Montijo commença sa confession. D'abord, elle eut recours aux périphrases, aux circonlocutions ; mais, pensant que pour atteindre le but, il fallait convaincre sa fille de la nécessité d'agir comme elle le lui demandait, elle voulut frapper son esprit, et peu à peu, elle ne voila plus la vérité.

Elle dit ce qu'elle avait fait, tout ce qu'elle avait fait.

Quand elle termina, la mère et la fille pleuraient.

Un silence suivit. Puis elles se regardèrent, et d'un même mouvement, elles se jetèrent dans les bras l'une de l'autre.

— Tu vois maintenant, reprit la comtesse de Téba, que si ton mari est au fait de tout cela, il ne manquera pas de prétexte pour m'éloigner. Or il ne faut pas espérer qu'il en ignore rien. Quoi que tu fasses, le sort t'a trop favorisée pour que tu n'aies pas des jaloux, des envieux, des ennemis de ta position. Une cour est un centre d'intrigues. Tout ce que tu pourras faire, peut-être, sera de détruire les preuves de tous ces faits, et alors peut-être pourrai-je rentrer dans ton intimité, car il n'aurait plus d'armes contre ta mère. Mais si bien que tu t'y prennes, tu ne feras jamais ni assez vite, ni assez complétement, pour qu'il n'ait pas de quoi me tenir à distance. Le mieux est de s'y préparer.

— Cependant, reprit-elle, laissant Eugénie soupirer, j'ai encore à m'occuper de ta sœur, et c'est pour cette raison unique que je t'ai parlé de tout mon passé? Ta sœur est ton aînée; elle n'a ni le rang, ni la situation que j'ambitionne pour elle et, moi partie, il faut que tu achèves l'œuvre que l'éloignement me contraindra d'interrompre. Il faut que tu me le jures, Eugénie!

Comme elle s'y attendait, la mère vit l'Impératrice se refroidir soudain.

— Je le sais, reprit-elle; tu crois avoir des griefs contre ta sœur. Je ne veux pas savoir s'ils sont ou non fondés; mais te voilà une couronne sur le front, je serai impuissante à parfaire mon ouvrage; je te demande, j'exige de toi que tu oublies toute rancune, et que tu places ta sœur le plus haut que tu pourras.

— Si tu t'y refuses, ajouta-t-elle, il me faudra encore user d'intrigues et d'habileté! Contrecarrée par l'Empereur, qui, je te le répète, me déteste, je puis échouer. Il peut en résulter un scandale à la cour. Réfléchis.

Eugénie n'hésita plus.

Désormais, elle avait compris le caractère de sa mère; elle la jugeait capable de ne reculer devant rien. Elle eut peur.

— Soyez tranquille, dit-elle, je ferai ce que vous voulez.

Quelques heures après, Notre-Dame pavoisée, encombrée, voyait arriver les époux sur qui l'archevêque allait convier l'Esprit-Saint à descendre.

Les orgues emplissaient les voûtes d'harmonies saisissantes; les tambours battaient, les clairons sonnaient, les cloches carillonnaient; il y avait de la joie dans le ciel, car le bonheur d'un grand peuple était assuré, de l'avis du *Constitutionnel!*

Qu'il est déjà loin ce jour de fête !
Combien peu s'en souviennent maintenant !

Il y eut pourtant liesse générale, dans le peuple tout comme dans les salons officiels.

Mais ici c'était le comble du bonheur. Nopces et festins sur toutes les coutures ; grand gala général.

O murs, témoins discrets de ces impériales agapes, vous en souvient-il aujourd'hui !

Et quelle société choisie !

Tout ce qu'il y a de grand, de beau et d'honorable était là. Les plus illustres, flattés du rôle de comparses, duquel modestement ils s'étaient contentés, heureux et fiers de figurer dans une fête si belle, et dans un jour si mémorable !

Celui-là, c'est un vieil ami de Strasbourg et de Boulogne, noble et fidèle ami de l'infortune, de la prison et de l'exil ; c'est Conneau ; près de lui c'est Fialin.

Celui-là, c'est le vainqueur du boulevard Montmartre, le grand maréchal !

Cet autre, c'est le président des cours militaires qui délivra ces héros de la criaillerie.

Là-bas, ce sont les dévoués du lendemain, plus fougueux que ceux de la veille qui sentent leur étoile pâlir, car on n'a plus grand besoin d'eux, et qui, en soupirant, entrevoient le Sénat!

Ce groupe est composé de préfets qui ont devancé l'heure du triomphe. Honnêtes gens, dont le préfet de police se méfie, les croyant capables de changer d'amour, si la retourne venait à changer.

La masse, qui fourmille dans le salon voisin, ce sont les députés bien pensants qui veulent gagner de l'avancement et qui prodiguent les gages de dévouement.

Ils sont là, tout comme ils y étaient du temps de Louis-Philippe, tout comme ils y seront encore, eux ou leurs fils — l'espèce est prolifique! — s'il vient un autre monarque à cette France qui a l'horreur des monarchies.

Le bel assemblage! Tout s'y trouve. Poëtes et prélats brillent par la satisfaction qui se lit sur leur visage.

Oh! macédoine de valets, de chantres et de vendus! dignes coryphées du plat coquin quelconque à qui la fortune sourit!

Et voilà les gens de la noce!

Malgré le soin des domestiques, les lampes crépitaient. Les bougies vacillaient dans l'atmosphère épaisse, menaçant de faire éclater les bobèches.

Depuis longtemps la Mariée avait disparu, conduite au sanctuaire par des dames d'honneur qui en avaient toujours le nom.

De son côté, le Monarque s'était retiré; mais seul, lui, et pour cause.

Les gros bonnets, les excellences, les représentants des cours étrangères avaient profité de ce signal pour se dérober à la joie et aux splendeurs du lieu.

Il ne restait plus que le fretin du dévouement : candidats officiels, journalistes dévoués et décorés de fraîche date.

Sans y être forcés, ils restaient, dansant toujours, et dévalisant les buffets.

C'est qu'il ne s'agissait pas de se faire remarquer par son absence. On supposait bien qu'il y avait de la police dans le nombre des invités. Un rapport serait sûrement rédigé. Bonne note s'il pouvait s'y trouver :

— « Monsieur un tel s'est bien amusé! Il est resté jusqu'à la fin. Il a trouvé une nouvelle figure du cotillon. »

Le dévouement d'un homme doit être de toutes pièces. Il ne suffit pas qu'il vote dans le sens du gouvernement, s'il est député; qu'il écrive sous la dictée du ministre, s'il a l'honneur d'appartenir au *Constitutionnel* ou à la *Patrie*; il ne suffit pas qu'il crie : Vive l'Empereur! à propos, d'une voix claire et vibrante, avec un sourire d'amour sur le visage; il convient encore qu'il s'amuse quand le Maître est content.

On le tient secret, sans doute; mais il y a certainement un manuel du parfait dévoué qu'on met au courant par des appendices à chaque nouveau règne.

On le publiera quelque jour.

César s'était retiré seul.

Les portes s'ouvraient devant lui.

Il arriva dans son cabinet de toilette particulier.

Là, Félix attendait!

Félix, nous l'avons dit déjà, était un personnage qui n'avait rien d'officiel. Pourtant, peu d'hommes, y compris Mocquart, avaient plus d'influence sur le Maître.

Le hasard de la rencontre avait conduit Félix auprès du Prince, et il l'avait suivi partout.

Il s'y était habitué, s'y était attaché peut-être, et avait fini par le plaindre.

Se tenant à sa place, dans l'ombre, passant partout sans mot dire, mais voyant tout en détail, il savait bien des choses qui eussent pu en expliquer d'autres auxquelles les courtisans eux-mêmes ne comprenaient rien.

Le fond de son impression sur l'ensemble, c'était une candide pitié. Il la voyait trop par le petit côté cette cour improvisée, que personne ne prenait au sérieux, pas même ces grands laquais si grassement payés, qui derrière le dos de l'Empereur faisaient des cascades et l'appelaient *Badinguet*.

Pour s'amuser, entre eux, ils simulaient des maladresses en servant la table impériale, laissant tomber une pile d'assiettes de Sèvres, ou répandant du vin sur la nappe.

Ils s'excusaient d'un air contrit. Mais derrière la porte, c'étaient des gorges chaudes.

En son particulier, cet Empereur de rencontre était servi comme un chevalier d'industrie qui doit des gages à ses gens.

Cette fois, Napoléon n'avait voulu personne que Félix pour le bout de toilette qu'il avait grand besoin de faire avant de partir à la gloire.

Il avait de l'émotion, et l'on peut dire qu'il ne s'embarquait pas aussi gaiement qu'il parut le faire au début de la mésaventure de la guerre de Prusse.

Félix le bichonnait.

Et lui, sombre, se disait :

— Que vais-je trouver ?

On pense bien que ce mariage n'avait pas été du goût

de tout le monde. Mille propos, mille accusations anonymes lui étaient parvenues.

Mais il avait tenu quand même.

A cette heure solennelle, tout revenait à sa mémoire.

« Qu'allait-il trouver? »

L'histoire est là-dessus d'un mutisme complet.

On ne sait qu'une chose, c'est que, le lendemain, les époux avaient bon aspect.

Elle, timide, comme une gazelle.

Lui, joyeux, par extraordinaire, et fier comme un lion vainqueur.

Mais les rois sont si dissimulés!

Cette joie était-elle bien sincère? quoi qu'il se fût passé, quoi qu'on eût découvert de part et d'autre, n'avait-on pas pris le parti de faire contre fortune bon cœur et de jouer la comédie du triomphe, à cause du décorum?

On finit par chasser tout soupçon, quand on vit que Madame-Mère remontait en crédit à la Cour.

Celà, c'était un signe certain.

Jusque-là une foule de demoiselles de la cour comme de la ville, avaient espéré qu'un mécompte leur ramènerait les bonnes grâces de Sa Majesté.

Dès ce moment, elles désespèrent, et il fallut se rejeter sur le commun.

Heureusement, il ne manquait ni de préfets, ni de généraux podagres ; elles y perdirent peu.

Durant plusieurs semaines, la cour fut désorientée. On ne s'amusait plus guère autour de ces nouveaux mariés.

A peine se montraient-ils : Ensemble, renfermés, se cherchant, se parlant à l'oreille, ils semblaient oublier tous ces appétits grouillant à leurs pieds, toutes ces pattes tendues vers leurs faveurs.

Mais, il faut pourtant être juste, sur la paille ou dans la pourpre, la lune de miel a ses droits.

MAJESTÉS EN PANTOUFLES.

Devant l'Europe, ce mariage était plus ou moins un acte d'indépendance, qu'on avait la prétention de faire agréer, en dépit des traditions royales.

Dans le tête à tête, on n'était pas si fier.

La jeune épouse, bien plus intelligente que son impérial mari, souffrit bientôt de sa situation de parvenue. Elle n'entendait pas être reine pour rire. Peu lui importait que les Français la reconnussent pour leur souveraine, si les autres rois et surtout les autres princesses ne l'admettaient pas sur le pied de l'égalité.

Profitant des tendresses du nouvel époux, elle ne tarda pas à lever ce lièvre. Il essaya de l'en distraire par des fêtes et de mauvaises raisons, car c'est bien là que le bât le blessait, lui aussi; mais il s'était vainement creusé la tête pour y porter remède.

Quand elle vit qu'il n'y avait plus pour obstacle que la question des voies et moyens, elle fut sûre du triomphe.

Néanmoins, elle connaissait déjà le Sire. Elle savait en jouer, elle voulut lui souffler ses idées, afin qu'il pût se persuader qu'il en était lui-même l'inventeur.

Tout le monde connaît la disposition des petits appartements des Tuileries. Assez longtemps ils ont été ouverts à la curiosité des étrangers, qui, sur la présentation d'un passeport et moyennant un pour-boire aux gardiens, ont pu examiner à loisir le sanctuaire ou le repaire des souverains qui se sont brusquement succédé en France.

La description de ces appartements serait superflue pour les uns, et, malgré le soin et l'exactitude, inintelligible pour les autres.

On saura seulement que l'Empereur pouvait communiquer avec sa femme par une série de trois pièces, dont chacun avait une clef.

Un soir, Leurs Majestés avaient été, incognito, voir Frédéric Lemaître à l'Ambigu-Comique, dans *Trente ans, ou la Vie d'un joueur*.

L'Impératrice s'était fort amusée. Elle a le goût du drame et des histoires sombres. L'Empereur avait dormi. Frédéric Lemaître avait été sublime.

Les deux premiers, rentrés aux Tuileries, ils se séparèrent après le bonsoir habituel, et César, préoccupé d'un projet quelconque, s'était assis près d'une table de sa chambre à coucher, griffonnant, au crayon, des phrases que lui seul eût pu comprendre.

A ce moment, une porte s'ouvrit, et l'Impératrice entra.

Une heure environ s'était passée depuis la rentrée. Elle l'avait employée en femme qui entend plaire.

C'est assez dire qu'elle l'avait passée à sa toilette.

Aussi était-elle d'un attrait réellement irrésistible.

L'Empereur en fut frappé.

Mais, dans son ménage même, il se tenait sans cesse sur ses gardes, non contre les autres, mais contre lui-même ; et il réprima l'expression de plaisir qui était au bord de ses lèvres.

Malgré tout ce qu'on a pu dire et écrire sur cet homme, le fond de sa nature était la timidité, je le répète. Il se défiait de ses premiers mouvements, craignant toujours de se laisser aller, et ainsi de ne pas être dans la vérité du rôle olympien qu'il s'était tracé.

— Bonsoir, Louis, dit-elle. Je sens que je n'ai point sommeil, et je viens vous trouver pour causer.

Le monarque sourit, en lui tendant la main.

— Dieu! qu'il fait sombre, chez vous, reprit-elle en s'approchant.

Puis, s'asseyant sur le bras du fauteuil, elle se pencha sur la table, en parcourant du regard les notes que son mari avait écrites.

— Vous travailliez? lui demanda-t-elle.

— Tu vois, fit-il, en se penchant aussi, de telle façon que leurs cheveux se frôlèrent.

Un court silence se produisit. Elle faisait semblant de s'appliquer à comprendre ce qu'il avait écrit; mais son attention était fixée autre part. Elle écoutait la respiration de son mari, qui, d'instant en instant, s'accélerait davantage.

Tout à coup elle se tourna vers lui.

— Dis donc, fit-elle, si ce que tu fais n'est pas urgent, écoute-moi, j'ai mille choses à te dire; j'ai à te parler d'un projet.

L'Empereur se recula.

Taciturne et craintif, il se mettait sur la défensive.

Que pouvait-elle lui vouloir? Si bien jouée que fût cette comédie, c'était une comédie, et, mis au fait des antécédents de sa femme, pensant que le milieu où elle avait vécu en compagnie de la plus intrigante et la plus fine des mères, elle devait avoir hérité des procédés de celle-ci; il se méfiait.

Elle le sentit. Et comme son regard l'interrogeait :

— J'ai faim, dit-elle. Viens chez moi. Tu fumeras ta cigarette pour me tenir compagnie, si tu ne veux rien manger, et nous causerons. Veux-tu, Louis? Tu me feras plaisir.

Il sourit de nouveau.

Elle le prit par la main. Mais il la regardait sans se lever.

— Au fait, reprit-elle, c'est toujours moi qui viens vous chercher. Cela m'humilie. Ne vous plairais-je plus?

L'Empereur lui baisa la main, et, se levant,

— Va, dit-il, je te rejoins.

Un moment après, il était chez elle, en pantoufles. Et ils causaient.

Le lendemain, l'Empereur parlait pour la première fois, à ses amis, d'un projet que, dit-il, il creusait depuis longtemps, relativement à une exposition universelle.

De son côté, l'Impératrice ayant près d'elle ses amies, prenait à part madame Walewski, et lui disait :

— Ma chère belle, l'idée que vous m'avez donnée est excellente, l'Empereur l'a adoptée pleinement.

C'est ainsi que fut projetée l'exposition, dont le vrai but, l'unique but, fut d'amener la Reine d'Angleterre à recevoir l'hospitalité de cette Impératrice improvisée.

C'était un commencement de consécration.

Il fallut plus bientôt.

Ce n'était pas tout que d'être reconnue pour une souveraine, par la souveraine la plus collet-montée de l'Europe: Eugénie ambitionna de se faire une parenté de rois.

Parmi les hommes à qui sa nature était la plus antipathique, le prince Napoléon tenait la première place. Outre qu'il était mal élevé, qu'il fréquentait ouvertement des individualités équivoques, des artistes et des gens de lettres, il était libre-penseur.

Pouah! l'horreur.

Cependant, dans les parents de son époux, celui-ci seul était présentable, celui-ci seul était célibataire. Elle voulut qu'il épousât une princesse pour de bon.

Quand elle s'en ouvrit à César, elle trouva une vive résistance. Son cousin épouser une princesse, quand lui, l'Empereur, il n'y avait pu parvenir! Puis n'était-ce pas donner de l'importance à celui-ci? Lui fournir des partisans, des ressources pour l'exécution de ses espérances au Trône dans l'avenir? Enfin, quelle princesse? Où la trouver?

Sans doute, toutes ces raisons avaient de la valeur, mais ce que femme veut... Elle répondait par d'autres arguments.

Le prince Plonplon n'était-il pas le seul qu'on pût décemment proposer ? Les autres ne vivaient-ils pas plus ou moins dans un sale concubinage avec des margotons du genre de la blanchisseuse du Ham ? Quant à trouver la princesse, il suffisait d'une occasion.

Le point important fut à la fin gagné : l'Empereur admettait le projet en principe.

De tous les potentats européens, celui que détestait le plus l'Impératrice, c'était l'empereur d'Autriche. Non qu'il la méconnût ni plus ni moins que les autres, mais lui, c'était un parent et, surtout à ce titre, il semblait la renier.

Elle suivait la politique avec grande attention, assistant aux conseils, se mêlant de tout ; elle comprit vite qu'il y avait moyen d'arriver à ses fins par la maison de Savoie.

Mais trop femme pour apercevoir les conséquences du complot qu'à elle seule elle tramait, elle ne prévit pas qu'elle pourrait un jour se repentir de ses menées, quand elle verrait la force des événements obliger son mari à entreprendre une guerre qui devait lui être odieuse, car elle aurait pour effet de détrôner des rois de droit divin, et d'empiéter sur les domaines du clergé. Elle ne vit que son idée et, la suivant résolûment, elle profita de toutes les circonstances et, bon gré malgré, par ordre, le prince Napoléon fut contraint de lui fournir une cousine régulièrement princesse royale.

Ce n'était pas encore assez : ses voyages en Espagne, plus tard, son voyage au Nil, n'eurent pas d'autre but que de se faire rendre officiellement des honneurs souverains.

C'est encore par suite de cette soif de considération qu'elle voulut que le Pape fût le parrain de son fils.

On lui a bien souvent, et de bien des côtés à la fois, attribué des vues politiques, qui faisaient l'admiration des uns, que les autres critiquèrent à outrance. Mais le témoignage de son intimité, les indiscrétions de quelques personnages qui approchaient sa mère principalement, sont décisifs à cet égard.

Parvenue, elle avait plus que tout autre un besoin insurmontable de s'imposer aux cours étrangères. Voilà le secret de ses agissements.

Sa maternité, qui allongea si fort le nez du cousin Jérôme, ne l'arrêta pas dans cette voie. Je l'ai dit, il lui fallut un pape pour parrain au petit. Un parrain, c'est un parent, selon les lois de l'Église.

Et qui le croirait! ce fut cette aveugle aspiration d'orgueil qui, l'âge brochant sur le tout, amena son mari à la délaisser pour d'autres femmes qui en demandaient moins à Sa Majesté.

Elle l'ennuyait à la fin, avec cette idée fixe dont elle le poursuivait. Elle l'humiliait, lui qui plus vaniteux qu'elle, avait fini par se croire lavé de ses origines. Il se considérait comme le monarque le plus légitimement glorieux de l'Europe, et elle lui rebattait les oreilles de ses blessures d'amour-propre; elle voulait qu'ils ne fussent encore et toujours que des parvenus, des aventuriers triomphants! Il y avait de quoi fatiguer un plus patient que lui. Plus d'une fois, pour s'en distraire, l'époux couronné se refit Lindor.

Mais Ariane était incorrigible, et le chagrin la minait, en dépit des distractions qu'elle crut utile de prendre en compagnie des femmes les plus officiellement titrées qu'elle pût découvrir.

Son cauchemar était de n'être qu'une impératrice à la façon de sa tante Joséphine ; à la lubricité près, elle ambitionnait d'être Marie-Louise. Comme celle-ci, il lui fallait un petit monde galant et un peu plus que libre autour d'elle, non qu'elle eût l'instinct des mauvaises mœurs, au contraire, elle était plutôt vertueuse; mais Marie-Louise, son modèle, avait un entourage de cette sorte et, mieux encore, un autre modèle qui était plus précisément son idéal, Marie-Antoinette, avait dans son cercle d'intimes, des femmes légères.

Cette préoccupation constante lui ayant fait exercer sur les destinées de la France une influence désastreuse, se modifia avec l'âge.

Elle parut s'effacer, se tenir pour satisfaite, surtout après la visite de tant de têtes couronnées à la dernière Exposition universelle, et son mari espéra qu'elle en était guérie et qu'il pourrait souffler.

Erreur!

Le taon n'avait fait que changer de forme ; la maladie, toujours chronique, changeait de caractère. C'est son fils, maintenant, qu'il fallait mettre en avant, faire agréer sans ombre de conteste.

Autre guitare; mais hélas! le même air!

Les conséquences furent plus graves.

Le temps, cet égalitaire incorruptible, qui semble ne point reconnaître les majestés, les vieillissait tous deux. Mais tous deux, n'en voulant peut-être pas convenir, se fardaient à qui mieux mieux.

Malgré l'art des parfumeurs, la caducité de l'un et l'extra-maturité de l'autre, n'en étaient que plus visibles.

Les bals officiels ne les voyaient guère qu'un moment à présent. A Compiègne, on ne soupait plus! Indice significatif.

Les jours de spectacle au Château, on recommandait aux acteurs de ne faire que de tout courts entra'ctes, car leurs majestés se fatiguaient extraordinairement vite. Et M. Camille Doucet avait la consigne d'éviter de porter son choix sur les ouvrages de longue durée ; quatre actes, c'était déjà trop ; mieux valaient trois petites pièces de la Comédie française, du Gymnase ou du Vaudeville.

Dans ces conditions, on était certain que l'Empereur ferait bonne contenance jusqu'au bout, au milieu des cent cinquante invités qui garnissaient sa loge.

Et, pourtant, que de fois le chambellan de service était sur les épines!

Il arrivait que, malgré tout, l'Empereur, comme les hommes de son âge, avait la digestion laborieuse: l'Auguste estomac faisait le paresseux!

Et, ma foi! si la pièce n'était pas bien, mais bien intéressante, le Monarque se sentait pris d'une envie de dormir à nulle autre pareille.

Se figure-t-on le supplice!

Encore deux actes à entendre! Deux actes, deux mortels actes à écouter, là, à la même place, sans fermer les yeux dont la paupière pesait mille kilog.!

Un bon bourgeois aurait pu, en s'accoudant dans son fauteuil, se tirer d'affaire en conciliant le tout.

Mais un Empereur!

Demain le Journal eût tout conté, et gare les propos d'ambassade! Du reste, tout ce monde réuni, qui ne le quittait pas du regard!...

Pas même la liberté de s'en aller.

Ah! l'abominable gêne; la cruelle souffrance à la fin.

Mais, tant pis! tu as voulu régner, règne mon ami, ceci te regarde!

Dans leur coin, les secrétaires se moquent de toi.

Régnez, mon prince! Et mettez-y de la bonne grâce :

les d'Orléans sont là, vous-savez? Ils ne dormiront pas, eux.

On t'observe, César, prends garde!

Enfin!... C'est fini!

Il se lève, on fait cercle. Il doit encore complimenter celui-ci, celui-là, et l'auteur par-dessus le marché! L'auteur! un homme d'esprit peut-être (il y en a parfois); un lettré en tout cas, et, voyez la disgrâce! celui-ci est de l'Académie, un orléaniste, qui plus est; que lui dire qui ne lui fasse hausser les épaules en sortant?

Allons, Madame, à la rescousse! souriez; bon! mais parlez aussi, morbleu! l'étiquette veut qu'on ne fasse que répondre à de si hauts personnages que vous.

L'horrible corvée!

Néanmoins on s'en tire. L'auteur n'a pas paru surpris de la banalité qu'on lui a servie, toute chaude; les invités n'ont pas entendu. Sa Majesté n'est pas atteinte.

Allons nous coucher.

Majestueusement, bras dessus, bras dessous, ils s'avancent entre des haies de laquais et de cent-gardes.

Tout un monde officiel accompagne roide comme la potence. Une porte s'ouvre, puis se referme sur eux :

Bonsoir la compagnie!

Alors... Oh! alors, c'est une bousculade splendide; le décorum est évanoui : on se pousse, on s'appelle, on trépigne sur la robe des femmes qui n'ont pas rejeté leur queue sur l'épaule comme le pan d'un manteau. Une descente de la Courtille!

Où va-t-on en se coudoyant ainsi dans les escaliers, dans ces interminables corridors? La fête n'est-elle pas finie?

Ah! bien oui!

Si les hôtes sont vieux, les invités sont jeunes. Qu'on se groupe. Dans les petits coins, les rideaux fermés, à petit bruit, on va souper au compte des contribuables. C'est défendu, sans doute. Mais tous ont un crédit quelconque; les majordomes ont encore des parents à placer, des bureaux de tabac à obtenir, des filles à marier de la main gauche ou de la droite, selon le goût des personnes, et les bouchons de champagne sautent au plafond.

Au petit jour, les bougies sont à l'agonie, les tapis couverts de débris.

Des cravates blanches oubliées, enroulent les branches des candélabres.

Il y a des bottes sur des coussins de velours.

Là, un éclat de rire épais éveille en sursaut un laquais endormi sur la banquette.

On entend le bruit d'un baiser.

Et de la porte qui s'entrouvre pour laisser s'esquiver une ombre, s'exhale une odeur rance de victuailles, d'alcool et de tabac.

Vive l'Empereur!

LE LION PERD SES GRIFFES.

Il était déjà bien loin le temps de la plénitude du triomphe. Alors, on était réellement roi. On se sentait vraiment campé sur un trône.

Autour de soi, on avait Saint-Arnaud, une épée, et une intelligence!

Billault, une tête solide, une parole superbe, un homme!

Morny, une habileté de premier ordre, sans scrupule, sans doute, mais qui des autres en était donc affligé? Celui-ci du moins était d'une ressource inépuisable.

On avait Moquart aussi, qui dans son genre n'était point à dédaigner.

En outre, on avait Dupin, c'est tout dire.

Et l'on avait les lieutenants de ces capacités-là.

Aussi, l'on était Empereur à n'en pas douter !

On avait mieux encore. On avait des adversaires de haute lignée.

Un Tzar!

Un empereur d'Autriche.

Dans un autre genre : Orsini!

Hélas, la mort peu à peu avait privé César de ses souteneurs.

Pour remplacer les uns,

Rouher!

Et pour remplacer Orsini,

Rochefort!

Quelle dégringolade ! !

Auguste, où sont tes lieutenants?
Palikao? Est-ce ton homme?
Bazaine, ou Mac-Mahon?
Où donc sont tes épées, tes généraux? Qui remplacera Pélissier? Ton cousin Plonplon, peut-être!

Eh bien, non ! Vienne la guerre, tu n'auras pas encore ces doublures; tu auras Lebœuf, mon ami ; c'est le général de ta femme, le général qui plaît dans ton ménage, car Lebœuf promet, lui, de faire procurer de la gloire au peuple, par les prouesses du Prince impérial.

Et tu le subiras, Majesté fatiguée; tu joueras la comédie que Ollivier a écrite pour toi, afin de te concilier *la dame*.

Allons ! illustre neveu de l'autre, en campagne ! Prends des bagages autant que tu voudras, de la flanelle surtout, sire ; crève à la peine, qu'importe ! Il ne s'agit plus de toi, mon garçon. Tu vieillis, tu t'affaisses, ta femme n'espère plus rien de tes jours qu'elle croit comptés. Fais place à ton fils, à ce futur héros. Mets-toi en quatre, bonhomme, couche à la belle étoile, frotte tes rhumatismes, frictionne ta moelle épinière; la place du petit n'est pas faite, et maman n'a plus que lui en tête. Va, va!

Que les peuples se ruent les uns sur les autres; que des centaines de mille malheureux hurlent de douleur, et soient jetés à moitié vivants dans des trous ignorés; que d'autres meurent de faim, gèlent de froid, soient réduits à la mendicité, qu'est-ce que ça fait : il faut que le fils d'Eugénie succède à son père, il faut que la gloire sacre cet enfant.

Allons! donne le signal, et qu'on s'égorge dès demain; que le sang des hommes reteigne la pourpre du manteau qu'il faut mettre aux épaules du petit!

Et dire que, de chaque côté, ceux qui vont mourir, et qui vous saluent encore (après des siècles, la même sottise! ô bavards! qui parlez de progrès!) ils croient défendre la patrie et la liberté!

« Des esclaves contre des esclaves » dit Gœthe.

Et toi, Sire, malgré l'hébétement de la décrépitude, tu sens bien la bévue fatale où te pousse ton épousée.

Tu voudrais résister.

Mais tu lui as joué trop de farces, mon ami, elle te

tient par trop de côtés. La couronne impériale n'y fait rien ; sur les vieux jours, au mari libertin, ménage de mégère.

Tu es maté ; marche à ta perte.

Et il n'a plus même Félix, qui le conseillait ! Félix est mort, comme les autres.

Seul, taciturne en son antre lugubre, le lion voit que ses griffes sont tombées.

Il part !

. . . .

. . . .

— Eh bien, Madame, qu'en pensez-vous ?

Au retour de la captivité, il dut traverser la Belgique, où s'étaient refugiés plus de cent de ses créatures.

Quand il passa, personne ne vint lui offrir son hommage. Crainte de se compromettre, Rouher même s'était éloigné, pour ne pas rencontrer ce César tombé.

Ainsi de tant de dévouements, pas un !

— Ma foi ! dit le bourgeois, je ne les plains pas; avec ce qu'ils ont de fortune, ils ont de quoi vivre au large.

Et pourtant, Rouher écrivait à un dernier dévoué qui voulait créer une feuille bonapartiste : « Renoncez à cette entreprise, mon cher ami, le parti est ruiné, et *ils* n'ont *pas même* d'argent pour soutenir leur cause. »

C'était bien la peine.

Quand il sera mort, on mettra sur sa tombe :

« L'empire, c'est la paix,
» L'ordre, j'en réponds ;
» Il n'y a pas eu de fautes commises. »

Pauv' Badingue !...

FIN.

TABLE.

Pages.

AU LECTEUR 7

AVERTISSEMENT 11

Lui 13

Elle. 29

Conseil tenu par les dignitaires 47

Comment les princes font la cour. 65

Le jour de gloire est arrivé. 77

Majestés en pantoufles 93

Le lion perd ses griffes. 111

Notes 119

NOTES.

TRADUCTION DES AUTOGRAPHES.

N° 1.

Debain, fabricant de pianos, rue Vivienne, 53. On les appelle des pianos à manivelles. Je ne vais pas moi-même le dire à V. M., car je ne suis pas présentable.

(ÉCRITURE DE L'IMPÉRATRICE — COMPARER AVEC L'AUTOGRAPHE N° 2.)

Avec l'air de **Marco-la-Belle,** *des Filles de Marbre, Mademoiselle Eugénie de Montijo, 22, place Vendôme.*

(ÉCRITURE DE L'EMPEREUR — COMPARER AVEC L'AUTOGRAPHE N° 3.)

N° 3.

« Le gouvernement de l'Empereur est le plus honnête qui ait jamais existé, mais il s'est laissé contaminer par des hommes qui, sans être au pouvoir, étaient en relation avec le gouvernement et qui le compromettaient par leurs spéculations.

» *La presse, au lieu de contrôler les actes de tous les agents du pouvoir, ou a été servile ou rebelle.*

» *Dévoués sans réserve à l'Empereur, notre tâche est de le servir, non en aveugles, mais avec les yeux ouverts. Blâmant tout ce qui est blâmable, osant résolûment dire notre opinion sur les hommes comme sur les choses, ne donnons notre éloge que sur ce qui est bon, et éclairons le gouvernement sur ce qu'il doit savoir.*

» *La gloire de la France, le bonheur du peuple, la prospérité de l'Empire et de l'Empereur, telle est notre devise.* »

Pour paraître prochainement :

LES COURTISANES

DU

SECOND EMPIRE.

DEUXIÈME PARTIE

CES DAMES DE L'ENTOURAGE.

LA DUCHESSE EGLÉE,

BEAU VOLUME IN-OCTAVO DE 123 PAGES.

Prix : 2 francs.

ÉDITION DE LUXE.

SOMMAIRE :

PRÉFACE POUR LES DAMES. — IDEM POUR LES MESSIEURS.

UN MOT AUX DEMOISELLES.

RIEN POUR LES COLLÉGIENS, OU LES VIEUX POLISSONS.

La graine de cocodettes. — Sa culture. — Terrains propices. — Engrais et arrosages. — Sa flore. — Sujet primé. — La cueillette. — Dans le tas. — La belle Eglée. — Sa famille. —

Son éducateur. — L'accroc. — On demande un gérant responsable. — L'auguste médecin. — L'emplâtre social. — Digne du choix. — Son excellence monsieur Chose. — Triple dignité. — Ministre, sénateur et cornard. — Emplois honorifiques. — La souche et la greffe. — L'obligeant Morny. — Sa naissance. — Papa. — Récompense honnête à qui rapportera madame. — Réponse de Pélissier — « Sous le secrétaire. » — Fuite des tourtereaux. — Scandale imminent. — Fureur impériale. — Piétri sauve la situation avec les pompiers. — Mort de Benjamin. — Ses successeurs. — Le descendant du ciel. — Exploits nocturnes. — L'amour capitonné. — Madame Barbe-bleue. — Deuil du mari. — Le revenez-y de *monsieur-la-Duchêne*. — Consolation héroïque. — Bévue de mouchards. — Après la débandade. — Monsieur, madame et bébé. — Le « pour acquit » de la France.

DOCUMENTS AUTHENTIQUES ANNOTÉS.

LES

PAPIERS SECRETS

DU

SECOND EMPIRE

ÉDITION DE BIBLIOTHÈQUE

N° 1 (HUITIÈME ÉDITION).

Sommaire.

L'impératrice. — Les maîtresses de Bonaparte. — Le roman impérial. — La fortune impériale. — Ce que coûtaient les Bonapartes. Les parents pauvres.— Le prix d'un baptême. — L'affaire Jecker. — Les vendus. — L'empire et la presse. — Le cabinet noir. — Les prémices du coup d'Etat. — Napoléon IV. — Les complots. — L'affaire Sandon. — Le ministère Ollivier - Duvernois. — Curieuses dépêches, etc., etc.

N° 2 (SEPTIÈME ÉDITION).

Sommaire.

Au public. — Lettre de la reine de Hollande. — L'empire et la presse. — Les décorations. — Les fastes impériaux. — L'empire et l'église. — Le traité Benedetti. — Le cabinet noir. — L'incident Hohenzollern. — Le plébiscite. — La guerre. — Les préfets. — Les mystères de la flotte. — Le 15 août en province. — Curieuses dépêches, etc., etc.

N° 3 (SIXIÈME ÉDITION).

Sommaire.

L'impératrice au Caire. — La politique impériale. — Annexion de la Belgique. — Les influences occultes. — La censure. — La noblesse impériale. — La campagne de 1870. — Les mystères de l'intendance. — Les familiers des Tuileries. — Coût de la famille impériale. — La bourse des amis. — Pot de vin égyptien. — Curieuses dépêches. — Notes diplomatiques. — Le mot de la fin, etc., etc.

N° 4 (CINQUIÈME ÉDITION).

Sommaire.

Avis important. — Le Gouvernement impérial faux monnayeur. — Le Mexique. — Les complices de Napoléon III. — Lettre de Mme Lafarge. — Ce que coûtaient les Bonapartes (*suite*). — L'empire et la presse (*suite*). — Les fortifications de Paris jugées par le général Totleben. — Le haut clergé. — Occupation de Rome. — L'Encyclique. — Les points noirs. — La mort de Charras, etc., etc

---

N° 5 (TROISIÈME ÉDITION).

AVEC AUTOGRAPHE DE NAPOLÉON III.

Sommaire.

Avis au lecteur. — Rapport de M. Lavertujon au Ministre de l'Intérieur. — Lettres patentes du Conseil de régence. — Mac-Mahon général en chef. — Fonds particuliers de Napoléon III. — Les décavés du Sénat. — Le cabinet noir (*suite*). — Les fonds secrets. — L'incident Cavaignac. — Baroche fils justifié par Baroche père. — Le favori de l'empereur Alexandre. — Les valets de lettres. — La magistrature courtisane. — Curieuses dépêches, etc., etc.

N° 6 (TROISIÈME ÉDITION).

AVEC AUTOGRAPHE DE L'IMPÉRATRICE.

Sommaire.

Au public. — Autographe de l'Impératrice. — Les préfets de la République. — Les intrigues de Napoléon III. — Bismark e

Prim. — Notes diplomatiques (*suite*). — Les élections. — La noblesse impériale (*suite*). — Les décorations du prince impérial. — Lettres adressées à l'Empereur au sujet de *la Vie de César*. — Les proscriptions de décembre. — Rapports plébiscitaires. — La police secrète (*suite*). — Curieuse dénonciation. — Les solliciteurs. — Les zélés. — Le désordre impérial.

N° 7 (TROISIÈME ÉDITION).

AVEC AUTOGRAPHE DE NAPOLÉON III.

Sommaire.

Liste alphabétique, biographique, anecdotique des personnes ayant eu, à un titre quelconque, des rapports financiers avec l'empereur, rédigée d'après les papiers trouvés aux Tuileries. — Notes diplomatiques : La question des frontières. — La Vénétie. — Le tripot Pereire. — Garibaldi. — Bazaine au Mexique. — Le Crédit mobilier. — Un préfet modèle. — Encore Pierre Bonaparte. — Les massacres de la Ricamarie. — Les serviteurs prudents. — La noblesse aux genoux de Napoléon. — L'espionnage au Corps législatif. — Les escrocs décorés. — La magistrature. — L'empereur journaliste. — Un pauvre homme !

N° 8 (TROISIÈME ÉDITION).

Sommaires.

Les fonds secrets. — Rapports du lieutenant-colonel baron de Stoffel. — Liste alphabétique, biographique, anecdotique des personnes ayant eu, à un titre quelconque, des rapports financiers avec l'Empereur, rédigée d'après les papiers trouvés aux Tuileries (*suite*). — Les influences occultes (*suite*). — Lettre du Prince Napoléon à la Reine de Hollande. — La bourse des amis (*suite*). — Les fanatiques. — Les généraux de cour. — Les protégés du Palais-royal. — Les affaires de Rome. — Le livre jaune. — La guerre d'Italie. — Ham. — Rectification inattendue.

Prix : **1** franc.

LES DEUX TERREURS
(1793-1871).

LA RÉVOLUTION DE DEMAIN.

SOMMAIRE :

PRÉFACE.

L'ENNEMI TERRASSÉ. — L'ERREUR UNIVERSELLE.
LE MASQUE DES TERRORISTES DE 1871.
LEUR VRAI PROGRAMME. — LES FAUSSES DUPES. — AU SECOURS !
PRENEZ GARDE...

1871

LA FUSILLADE. — LA COMÉDIE DE LA PLACE VOLTAIRE.
VERSAILLES TERRORISTE.
LE VRAI MOTIF DU MEURTRE DE LA RUE DES ROSIERS.
L'ERREUR DES REPRÉSAILLES. — LES ESCROCS FÉDÉRÉS.
LA TERREUR ARTISTIQUE. — L'ORDRE ANARCHIQUE.
LES TREMBLEURS TERRORISTES. — LES OTAGES. — LA LETTRE FORCÉE.
LES ARRESTATIONS. — LE REVOLVER MANDAT D'ARRÊT.
LA PEUR. — SATURNE DÉVORANT SES ENFANTS.
LE DÉFI DES POLTRONS. — LES DÉFAILLANCES.

1793

LA PREMIÈRE TERREUR.
LES GUILLOTINEURS GUILLOTINÉS. — LES JOURNALISTES AIDES DU BOURREAU.
LE *Père Duchêne*. — L'HYSTÉRIE DE LA MORT.

LA RÉVOLUTION DE DEMAIN.

LA RÉACTION. — L'ORDRE RÈGNE A PARIS. — LA TERREUR BLANCHE.

BROCHURES POLITIQUES

RÉCEMMENT PARUES :

www.ingramcontent.com/pod-product-compliance
Ingram Content Group UK Ltd.
Pitfield, Milton Keynes, MK11 3LW, UK
UKHW031912260826
14628UKWH00003B/1144

9 782013 701464